LUSTIGE DIALOGE

A graded introductory reader for beginning students

Harry A. Walbruck
Professor Emeritus
University of Wisconsin
Kenosha, Wisconsin

National Textbook Company
NTC a division of *NTC Publishing Group* • Lincolnwood, Illinois USA

A Note to Students

You have moved up to a level where reading a second language can be enjoyable as well as educational. The book you are going to read, whether it is in Spanish, French, German, or Italian, will not only provide you with hours of reading enjoyment, it will also give you the confidence that you are growing in the language you have chosen to study.

The tales in this series have been largely written with a humorous bent, and most of them may be read within a single class period. Grammar and vocabulary have been specially tailored to your level, so that you can understand and enjoy the readings with a normal amount of effort.

After you have finished these humorous stories, you will want to read all the books in the set for your language. There is a total of four sets. In Spanish, you will find *Diálogos simpáticos, Cuentitos simpáticos,* and *Cuentos simpáticos;* in French, *Dialogues sympathiques, Petits contes sympathiques,* and *Contes sympathiques;* in German, *Lustige Dialoge, Lustige Geschichten,* and *Spannende Geschichten;* and in Italian, *Dialoghi simpatici, Raccontini simpatici,* and *Racconti simpatici.*

The dialogues and stories in these books have all been recorded on cassette tapes, so that both your reading ability *and* your listening comprehension are developed through these sets.

Whatever language you are studying, the books and tapes in this series offer you a great deal to learn and enjoy.

1996 Printing

Published by National Textbook Company, a division of NTC Publishing Group.
©1990, 1985 by NTC Publishing Group, 4255 West Touhy Avenue,
Lincolnwood (Chicago), Illinois 60646-1975 U.S.A.

6 7 8 9 ML 9 8 7 6 5 4 3

Lustige Dialoge

A graded introductory reader for beginning students

Lustige Dialoge is a delightful combination of lighthearted fun and solid reading practice for beginning students of German. Thirty dialogues form the core of this graded reader. All focus on everyday, useful topics of interest to beginning students. All are composed of high-frequency vocabulary and structures and end on a humorous note. Each dialogue is followed by a set of comprehension questions and by personal questions designed to encourage students to express their own reactions and opinions in German.

The second section of *Lustige Dialoge*, titled *Übungen*, contains exercises related to the dialogues. Here, students will find a wide variety of activities for practicing vocabulary, verbs, and other grammatical structures. These exercises will help teachers reinforce vocabulary and structures from the basal textbook that appear in the dialogues. To vary the pace and keep motivation high, many of the activities take the form of entertaining word games or crossword puzzles.

Lustige Dialoge presents unlimited opportunities for classroom discussions, vocabulary and structure practice, and even short compositions. Used with humor and imagination, these dialogues will enliven any beginning German classroom while helping students improve their reading skills.

Contents

Dialoge

1. Auf dem Flugplatz

Herr Scholl steht an der Zollkontrolle des Flugplatzes.
Er kommt aus Bonn. Jetzt redet er mit dem
Inspektor.

SCHOLL: Guten Tag. Ich komme aus Chicago zurück.
INSPEKTOR: Wie war der Flug?
SCHOLL: Ausgezeichnet. Ein wunderbarer Flug. Ich fliege so
gerne. Chicago war eine interessante Stadt.
INSPEKTOR: Haben Sie Ihre Erklärung?
SCHOLL: Ja natürlich. Hier ist sie.
INSPEKTOR: Wein, Likör, Rum, Zigarren, Tabak?
SCHOLL: Danke. Sie sind sehr freundlich. Ich habe lieber Kaffee.
Bitte ohne Milch.

Questions

(Answer all questions in complete German sentences.)

I. Comprehension Questions
   1. Wie heißt der Passagier?
   2. Von wo kommt er zurück?
   3. Wo steht er jetzt?
   4. Mit wem redet er?
   5. Was fragt der Inspektor?
   6. Was antwortet Herr Scholl?

II. Personal Questions
   1. Wie heißt du?
   2. Was ist deine Heimatstadt?
   3. Fliegst du gerne?
   4. Hast du gerne Kaffee mit Milch oder lieber Kaffee ohne Milch?
   5. Welches ist deine Nationalität?

2. Onkel Ferdi

Onkel Ferdi hörte von seinem Freund Theo ein Rätsel und erzählte es zuhause seiner Frau.

THEO: (*im Büro*) Hier ist ein Rätsel für dich, Ferdi. Du redetest gestern viel mit einer Person hier im Büro. Sie war nicht mein Bruder und nicht meine Schwester. Aber sie war auch ein Kind meiner Eltern. Wer war es?

FERDI: Ich weiß nicht.

THEO: Haha, du hattest keine Ahnung! Die Antwort ist: *Ich* war es.

FERDI: (*später zuhause*) Du sagtest immer, Anna, du kennst alle Rätsel. Kennst du das Rätsel von dieser Person? Sie war nicht mein Bruder und nicht meine Schwester. Aber sie war auch ein Kind meiner Eltern. Wer war es?

ANNA: Du!

FERDI: Nein, mein Freund Theo. Er sagte es mir heute im Büro.

Questions

I. Comprehension Questions

1. Von wem hörte Ferdi ein Rätsel?
2. Wem erzählte er das Rätsel zuhause?
3. Wo war die Person gestern?
4. Wessen Kind war die Person?
5. Wo sagte es ihm Theo heute?

II. Personal Questions

1. Wie viele Geschwister hast du?
2. Wie heißen deine Eltern?
3. Wie viele Tanten hast du?
4. Seid ihr eine große Familie?
5. Kennst du alle deine Vettern und Basen?

3. In der Cafeteria

Ulrike sitzt mit Adele in der Cafeteria. Sie haben Kaffee und Kuchen gehabt.

ULRIKE: Was ist los mit dir, Adele? Hast du ein Problem?
ADELE: Ja.
ULRIKE: Was ist passiert?
ADELE: Ich habe gestern einen Brief an Detlef geschickt. Aber Bodo hat ihn gelesen, nicht Detlef.
ULRIEK: Warum?
ADELE: Ich habe einen Fehler gemacht und Bodos Namen auf den Briefumschlag geschrieben, nicht Detlefs.
ULRIKE: Und was ist dann geschehen?
ADELE: Beide, Detlef und Bodo, haben mich seit diesem Morgen ignoriert. Keiner ist zu mir gekommen.

ULRIKE: Was stand in deinem Brief?
ADELE: Ich habe behauptet, ich kann heute nicht mit Detlef ins Kino gehen, denn Bodo hat Theaterkarten für uns beide gekauft. Aber es ist alles nicht wahr.
ULRIKE: Was machst du jetzt?
ADELE: Ich bin zu Adalbert gegangen. Er hat mich gefragt, ob ich mit ihm ins Disko gehe. Ich habe akzeptiert.

Questions

I. Comprehension Questions

1. Wo sitzen Ulrike und Adele?
2. Was hat Adele gestern gemacht?
3. Wer hat den Brief gelesen?
4. Seit wann haben beide Ulrike ignoriert?
5. Zu wem ist Ulrike gegangen?

II. Personal Questions

1. Gehst du oft in die Cafeteria?
2. Was kaufst du da?
3. Hast du lieber warmes oder kaltes Essen?
4. Schreibst du gerne Briefe?
5. Bist du oft ins Kino gegangen?
6. Gehst du gerne ins Theater?
7. Tanzt du gerne?
8. Warst du oft in einem Disko?

4. Auf dem Lande

Der kleine Helmuth wohnt in der Stadt. Er besuchte zum ersten Mal mit seinem Vater einen Bauernhof. Sein Vater hatte ihm zuerst den Acker und den Garten gezeigt. Sie hatten auch manche Pferde und Schafe auf der Weide und die Scheune gesehen. Zuletzt waren sie in den Kuhstall gegangen. Der Bauer hatte gerade seine Kühe mit der Milkmaschine gemolken.

VATER: Was bekommen wir von diesen Kühen?
HELMUTH: Milch.
VATER: Nur Milch? Ist das alles?
HELMUTH: Nein, auch Buttermilch. Ich sah es. Auch sie kam aus jenen Eutern. Aber sage mir, Papa, aus welchen Eutern der Kühe kommt der Käse?

Questions

I. Comprehension Questions

   1. Wo wohnt der kleine Helmuth?
   2. Was besuchte er zum ersten Mal?
   3. Mit wem besuchte er den Bauernhof?
   4. Was hatte ihm sein Vater zuerst gezeigt?
   5. Was hatten sie auf der Weide gesehen?
   6. Wohin waren sie zuletzt gegangen?
   7. Womit hatte der Bauer seine Kühe gemolken?
   8. Bekommen wir nur Milch von der Kuh?
   9. Woraus kommt die Milch der Kühe?
  10. Woraus macht der Bauer den Käse?

II. Personal Questions

   1. Wohnst du auf dem Lande oder in der Stadt?
   2. Hast du schon mal einen Bauernhof gesehen?
   3. Welche Tiere gibt es auf dem Lande?
   4. Warst du einmal in einem Kuhstall?
   5. Hatte der Bauer eine Melkmaschine?
   6. Trinkst du gerne Milch?
   7. Was hast du lieber, einen Hund oder eine Katze?

5. Im Autobus

Der Fahrer auf einer Bustour durch die Alpen erklärt den Passagieren die Szenerie. Ein Herr mit einer großen Aktentasche sitzt neben ihm. Er hat ihn etwas gefragt, und der Fahrer antwortet ihm.

FAHRER:	Ja, Herr Doktor, wir werden bald die Zugspitze sehen. Es ist nicht weit von Mittenwald, ein sehr schöner Ort.
PASSAGIER A:	Wird unser Bus bis auf den Gipfel fahren?
FAHRER:	Nein, unmöglich. Aber für sehr mutige Leute gibt es da eine Drahtseilbahn.
PASSAGIER B:	Oh, ich werde meinen Atem verlieren! Haben Sie nichts gegen einen Schwindelanfall?

FAHRER:	Neben mir sitzt Doktor Huber. Vielleicht wird er etwas für Sie haben. Nicht wahr, Herr Doktor?
DOKTOR HUBER:	Tut mir leid. Ich bin kein Arzt, sondern nur Doktor der Philosophie.

Questions

I. Comprehension Questions

1. Wo machen die Passagiere eine Bustour?
2. Was erklärt ihnen der Fahrer?
3. Wer sitzt neben dem Fahrer?
4. Was werden die Passagiere bald sehen?
5. Wovon ist die Zugspitze nicht weit?
6. Was ist Mittenwald?
7. Was gibt es da für mutige Leute?
8. Was wird Doktor Huber vielleicht haben?
9. Ist Doktor Huber ein Arzt? Was ist er?

II. Personal Questions

1. Hast du einmal eine Bustour gemacht?
2. Fliegst du lieber mit einem Flugzeug?
3. Wirst du später viele Touren machen?
4. Hast du lieber die Berge oder die See?
5. Wie kommst du zur Schule, mit dem Bus, mit dem Auto oder gehst du zu Fuß?
6. Wie viele Autos gibt es in deiner Familie?

6. Magenschmerzen

Es ist Montag. Jochen soll heute in der Schule eine Mathematik-Prüfung haben.

MUTTER: Jochen, steh auf. Es ist schon spät. Du mußt zur Schule gehen.

JOCHEN: Ich kann nicht aufstehen. Ich habe Magenschmerzen. Darf ich im Bett bleiben?

MUTTER: Magenschmerzen? Gestern gab es Sauerkraut. Du magst es doch so gern.

JOCHEN: Aber es war der Pudding. Ich habe zu viel davon gegessen.

MUTTER: Bleibe heute zu Bett. Möchtest du warmen Tee haben?

JOCHEN: (*Zwei Stunden später.*) Meine Magenschmerzen sind vorüber.

11

MUTTER: Gut, steh auf! Wie viele Stunden wirst du zu spät kommen?

JOCHEN: Nur zwei. Ich will nicht in der Deutsch-Klasse fehlen. Aber die Mathematik-Prüfung ist vorüber. Das ist das Beste von allem.

Questions

I. Comprehension Questions

1. Was soll Jochen heute in der Schule haben?
2. Was kann er nicht tun?
3. Was hatte er zu viel gegessen?
4. Wie viele Stunden wird er zu spät kommen?
5. Welche Prüfung ist vorüber?

II. Personal Questions

1. Gehst du gerne zur Schule?
2. Wie heißt deine Schule?
3. Hast du gerne Deutsch?
4. Habt ihr viele Prüfungen?
5. Ist Deutsch eine schwere Sprache?

7. Erdkunde

Werner nimmt eine Prüfung in Erdkunde, aber der Lehrer ist nicht sehr zufrieden mit seinen Antworten.

LEHRER: In welchem Erdteil liegt Deutschland?
WERNER: In Europa.
LEHRER: Westdeutschland ist die Bundesrepublik. Wie heißt Ostdeutschland auch?
WERNER: Demokratische . . . Ich habe es vergessen.
LEHRER: Was ist größer, Ostdeutschland oder Westdeutschland?
WERNER: Hmmm.
LEHRER: Wo gibt es höhere Berge in Westdeutschland, im Norden oder im Süden?
WERNER: Ich glaube, im Norden.

13

LEHRER: Falsch. Im Süden liegen die Alpen, das höchste Gebirge in Europa. Ist der Rhein länger als die Nahe?

WERNER: Ich weiß es nicht.

LEHRER: Ich bin nicht am glücklichsten mit dir, Werner! Waren meine Fragen zu schwer?

WERNER: Nein, Herr Lehrer, nur die Antworten.

Questions

I. Comprehension Questions

1. Welche Erdteile liegen in der westlichen Hemisphäre?
2. Welche Erdteile gehören zur östlichen Hemisphäre?
3. Gibt es nur ein Deutschland?
4. Welches Deutschland ist die Bundesrepublik?
5. Wie heißt Ostdeutschland auch?
6. Wo liegen die Alpen?
7. Durch welches Deutschland fließt der Rhein?

II. Personal Questions

1. Bist du schon einmal in Deutschland gewesen?
2. Ist jemand von deiner Familie aus Deutschland? Wer?
3. Glaubst du, der Rhein ist ein kleiner Fluß?
4. Denkst du, die Alpen sind ein hohes Gebirge?
5. Wohin willst du einmal fahren?

8. Biologie-Unterricht

Krankheiten sind heute das Thema in der Biologie-Klasse. Die Lehrerin beginnt die Diskussion mit Fragen.

LEHRERIN: Wir studieren heute die Ursachen von Krankheiten. Warum sind Leute krank?

EMIL: Wegen der schlechten Luft in der Stadt.

MARIA: Sie essen zu viel Süßigkeiten anstatt guter Nahrung.

LUISE: Wegen der Bazillen.

LEHRERIN: Alles richtig! Was soll man tun um der Gesundheit willen? Was kann man während einer Erkältung tun?

EMIL: Man soll warme Kleidung anziehen.

LEHRERIN: Richtig! Was kann man noch tun, um Krankheiten zu vermeiden?

15

UTE: Man soll genug schlafen.
LEHRERIN: Und welche Mikrobe verursacht Schlaf?
PETER: Das Fernsehen.

Questions

I. Comprehension Questions

1. Was diskutiert die Biologie-Klasse heute?
2. Womit beginnt die Lehrerin die Diskussion?
3. Wo gibt es viel schlechte Luft?
4. Was essen manche Leute zu viel?
5. Wann soll man warme Kleidung anziehen?
6. Warum soll man genug schlafen?

II. Personal Questions

1. Bist du einmal krank gewesen?
2. Hast du oft Magenschmerzen?
3. Was tust du während einer Erkältung?
4. Warst du schon einmal in einem Krankenhaus?
5. Was tust du, um gesund zu bleiben?

9. Im Umkleideraum

Herbert hat mit Fritz nachmittags Fußball gespielt. Sie stehen im Umkleideraum.

HERBERT: Mein Vater sagte mir, daß ich zu fett bin. Ich soll abnehmen.

FRITZ: Glaube ich.

HERBERT: Ich will sehen, ob es stimmt. (*Er steht auf der Waage.*)

FRITZ: Sag mir, wie schwer du bist. Was wiegst du? 210 Pfund. Donnerwetter!

HERBERT: Es ist aber nicht mein richtiges Gewicht, weil ich alle meine Kleider trage. Ich muß mich ein anderes Mal morgens wiegen, bevor ich mich anziehe. Nein, ich glaube nicht, daß ich zu fett bin. Wirklich!

FRITZ: Du bist nicht zu fett, wenn deine Kleider 60 Pfund wiegen.

Questions

I. Comprehension Questions

1. Was sagte der Vater zu Herbert?
2. Was will Herbert sehen?
3. Warum glaubt Herbert, daß die Waage nicht sein richtiges Gewicht zeigt?
4. Wann will er sich noch einmal wiegen?
5. Wann ist Herbert nicht zu fett?

II. Personal Questions

1. Wie schwer bist du?
2. Glaubst du, daß es ein gutes Gewicht für dich ist?
3. Um welche Tageszeit wiegst du dich?
4. Sind viele Leute zu fett? Warum?
5. Was soll man tun, um ein gutes Gewicht zu haben?
6. Turnst du oft?

10. Fortschritte

Der Professor kommt in die Klasse und spricht über Fortschritte in der Geschichte der Menschheit. Er steht an der Tafel.

PROFESSOR: Die letzten Jahrzehnte haben der Menschheit mehr Fortschritte gebracht als viele Jahrhunderte. Was zum Beispiel?

ANNA: Es gibt weniger Krankheiten.

PROFESSOR: Jawohl. Welche Krankheiten gibt es nicht mehr so oft?

WILLI: Die schwarze Pest, Schlafkrankheit, Polio...

PROFESSOR: (*schreibt alles an die Tafel*) Sehr gut. Und welche Fortschritte gibt es auf dem Gebiet der Technik?

HERMANN: Telefon, Radio, Fernsehen, Raumforschung, Computer ...

PROFESSOR: Stimmt auch. Und wer weiß, was es vor zehn Jahren noch nicht gab?

ILSE: Meinen kleinen Bruder, Herr Professor.

Questions

I. Comprehension Questions

1. Worüber spricht der Professor?
2. Wo steht er?
3. Was haben die letzten Jahrzehnte der Menschheit gebracht?
4. Was gibt es weniger?
5. Woran schreibt der Professor alles?
6. Auf welchem Gebiet gibt es auch viele Fortschritte?

II. Personal Questions

1. Habt ihr zuhause ein Telefon?
2. Wie viele Telefon-Apparate gibt es in eurem Hause?
3. Wie viele Fernseh-Apparate habt ihr?
4. Hast du auch ein Radio?
5. Welche Stationen hörst du gerne? Warum?
6. Wozu gibt es Computer in der Technik?

11. Vor der Garage

Es ist Samstag. Auf der Straße spielen zwei kleine Brüder, als ihr Vater aus dem Haus kommt.

UWE: Da kommt Vater zurück. Er hat die Autoschlüssel bei sich. Frage ihn, ob wir mitfahren dürfen.

ERNEST: Papa, können wir einsteigen?

VATER: Es ist keine lange Fahrt.

UWE: Lass mich neben dir sitzen.

ERNST: Gestern hattest du den Sitz neben Papa. Heute darf ich neben ihm sitzen. *(Alle drei steigen ins Auto ein. Mutter sieht aus dem Fenster heraus.)*

MUTTER: Mein Gott, wo fahrt ihr denn hin?

VATER: In die Garage, siehst du?

Questions

I. Comprehension Questions
  1. Welcher Tag ist es?
  2. Wo spielen die zwei kleinen Brüder?
  3. Woher kommt ihr Vater?
  4. Was hat er bei sich?
  5. Was möchten die zwei Brüder?
  6. Wohin ist Vater mit ihnen gefahren?

II. Personal Questions
  1. Hast du schon ein Auto?
  2. Wie alt muß man in deinem Bezirk sein, um eine Fahrprüfung zu machen?
  3. Was ist die höchste Geschwindigkeit, die man bei euch fahren darf?
  4. Gibt es eine Höchstgeschwindigkeit auf den deutschen Autobahnen?
  5. Denkst du, daß es gut oder schlecht ist? Warum?

12. In der Küche

Es ist halb Sechs. Karl betritt die Küche, wo seine Mutter
das Abendessen vorbereitet.

KARL: Ist unser Essen bald fertig?
MUTTER: Ja, mein Sohn. Ich mache heute eine Kasserole mit
             Thunfisch.
KARL: Prima. Das schmeckt gut.
MUTTER: Wenn Papa um viertel nach Sechs hier ist, muß alles fertig
             sein. Er geht heute abend zum Kegeln.
KARL: Ja, ich habe auch nicht viel Zeit. Mein Freund kommt um
             10 vor Sieben. Wir gehen in das Konzert.
MUTTER: Ich weiß.
KARL: Ma, du weinst ja! Tut dir etwas weh?
MUTTER: Nein. Weil ich Zwiebeln schneide, muß ich weinen.

23

KARL: Schade, aber sage: Was für ein Gemüse nimmst du denn,
          wenn du lachen willst?

Questions

I. Comprehension Questions

1. Wann betritt Karl die Küche?
2. Was bereitet seine Mutter vor?
3. Wann wird Papa da sein?
4. Wohin geht er heute abend?
5. Wann kommt Karls Freund?
6. Warum muß Karls Mutter weinen?

II. Personal Questions

1. Wie spät ißt du zu Abend?
2. Was magst du gerne abends?
3. Gehst du manchmal kegeln?
4. Besuchst du oft Konzerte?
5. Was hast du lieber, Kegeln oder Konzerte?
6. Hilfst du manchmal mit der Küchenarbeit?

13. Überraschungen

Herr Krause sitzt im Wohnzimmer und liest die Zeitung, die gerade gekommen ist. Seine Frau kehrt mit einer Rolle Stoff aus dem Geschäft zurück.

FRAU KRAUSE: Sieh mal was ich für dich gekauft habe.
HERR KRAUSE: Du lieber Himmel! Brauche ich das?
FRAU KRAUSE: Stelle nicht so viele Fragen! Es ist Stoff für deinen Geburtstag am fünften März. Ich mache dir eine Kravatte daraus.
HERR KRAUSE: Eine Kravatte? Es ist das zehnte Mal in zehn Jahren, daß ich eine Kravatte zum Geburtstag bekomme. Aber warum brauchst du so viel Stoff dazu?

FRAU KRAUSE: Von dem Rest nähe ich mir etwas, was ich zu
deinem Geburtstag nötig habe. Es ist ein neues
Kleid. Aber ich muß dir zu viele Antworten geben.
Es sollte meine zweite Überraschung für dich sein.

Questions

I. Comprehension Questions

1. Was tut Herr Krause?
2. Womit kehrt seine Frau aus dem Geschäft zurück?
3. Was will sie aus dem Stoff machen?
4. Das wievielte Mal bekommt Herr Krause eine Kravatte zum Geburtstag?
5. Was will seine Frau mit dem Rest machen?
6. Was sollte es für ihren Mann sein?

II. Personal Questions

1. Wann ist dein Geburtstag?
2. Was wünschst du dir zu deinem nächsten Geburtstag?
3. Hast du Kravatten gerne?
4. Trägt dein Vater oft eine Kravatte?

14. Am Telefon

Ilona ruft ihren Mann im Büro an. Es ist schon viertel nach Fünf.

ILONA: Bist du noch nicht fertig mit dem Arbeiten? Ich bin seit halb Vier vom Schwimmen zurück. Laβ uns heute abend zum Essen ausgehen.

THOMAS: Das ist zu teuer, mein Schatz. Wir haben nicht so viel Geld und sind erst gestern im Restaurant gewesen.

ILONA: Aber ich hatte noch gar keine Zeit, ans Kochen zu denken. Amanda war hier, wegen des Singens im Chor . . . Unser Eisschrank ist leer.

THOMAS: Nicht schlimm! Der Supermarkt ist um die Ecke. Kaufe uns eine gefrorene Pizza. Die magst du auch gern! In Ordnung?

ILONA: Pizza? Warum habe ich nicht Felix geheiratet? Er ist heute
           ein Millionär.

Questions

I. Comprehension Questions
   1. Wo arbeitet Ilonas Mann?
   2. Wie spät ist es schon?
   3. Seit wann ist sie vom Schwimmen zurück?
   4. Was möchte sie heute abend tun?
   5. Wo sind beide erst gestern gewesen?
   6. Wozu hatte Ilona noch keine Zeit?
   7. Wo ist der Supermarkt?
   8. Was soll Ilona da kaufen?
   9. Weshalb möchte sie lieber Felix zum Mann haben?

II. Personal Questions
   1. Telefonierst du oft?
   2. Mit wem telefonierst du am meisten?
   3. Habt ihr mehr als einen Telefon-Anschluß?
   4. Welche Vorteile hat ein Telefon?
   5. Für welche Notfälle ist ein Telefon gut?

15. Im Restaurant

*Otto trifft sich mit Manuela in einem Restaurant. Sie ist
zum ersten Mal in Deutschland und erkundigt sich, was
es hier zu essen gibt.*

OTTO: Wir haben Glück! Heute stehen frische Muscheln auf
der Speisekarte.

MANUELA: Ach, die haben wir auch in Spanien!

OTTO: Magst du lieber Sauerkraut? Es ist sehr vitaminreich.

MANUELA: Dies habe ich schon in Frankreich gehabt. Nur heißt es
da anders.

OTTO: Ziehst du Bratwurst vor? Oder Sauerbraten?

MANUELA: Das weiß ich nicht. Ich kann mir nicht vorstellen, wie es
schmeckt.

OTTO: Vielleicht magst du am liebsten ein paar Wiener. Mit Kartoffelsalat.

MANUELA: Wiener? Wie furchtbar! Ich schäme mich für den Chef des Restaurants. Wir sind doch keine Kannibalen! Ich war auch schon in Wien, aber die Wiener sind sehr freundlich gewesen. Komm, entscheide dich lieber für ein anderes Restaurant.

Questions

I. Comprehension Questions

1. Mit wem trifft Otto sich?
2. Wo treffen sich die beiden?
3. War sie schon oft in Deutschland?
4. Was gibt es auch in Spanien?
5. Was ist das Sauerkraut?
6. Wo hat Manuela schon Sauerkraut gehabt?
7. Was kann sie sich nicht vorstellen?
8. Was, glaubt Manuela, sind Wiener?
9. Wie sind die Wiener gewesen?
10. Wofür soll Otto sich entscheiden?

II. Personal Questions

1. Magst du gerne Sauerkraut?
2. Kennst du noch andere Gerichte, die Namen von deutschen Städten haben? Welche?
3. Glaubst du, alle Hamburger kommen aus Hamburg?
4. Weißt du, was "hot dogs" sind?

16. Eine Beschwerde

Ein junges Mädchen kommt ins Restaurant und bestellt sich beim Ober etwas zu essen.

MÄDCHEN: (*ohne die Speisekarte zu lesen*) Heute möchte ich einen Hamburger, Pommes Frites und ein Coca-Cola.

OBER: Sehr gut, Fräulein! Darauf brauchen sie nicht zu warten.

MÄDCHEN: Und eine saure Gurke dazu, bitte.

OBER: (*kommt zurück*) Bitte schön, hier ist alles.

MÄDCHEN: Danke. (*Sie beginnt zu essen. Nach einer Weile ruft sie den Ober zurück.*) Herr Ober, Sie schulden mir einen neuen Hamburger. Der, den ich hatte, war kalt und hart.

OBER:	Warum haben Sie mich nicht vorher gerufen, Fräulein, anstatt zuerst fast alles aufzuessen?
MÄDCHEN:	Weil ich herausfinden wollte, ob der ganze Hamburger kalt war oder nur ein Stückchen davon.

Questions

I. Comprehension Questions

1. Wer kommt ins Restaurant?
2. Was liest sie nicht?
3. Wen ruft sie nach einer Weile zurück?
4. Was möchte sie jetzt haben? Warum?
5. Weshalb hat sie schon alles gegessen?

II. Personal Questions

1. Was sind Pommes Frites?
2. Glaubst du, daß es ein deutsches Wort ist?
3. Welche fremden Wörter kennst du, die es auch im Deutschen gibt?
4. Kann ein Hamburger auch eine Person sein? Aus welcher Stadt ist diese Person?
5. Soll man etwas zum Essen zurückgeben, wenn man es ganz aufgegessen hat?

17. Im Café

Rita und Alfred sitzen im Cafe. Er gibt ihr ein kleines Paket.

RITA: Was soll das sein, Alfred? Ein Geschenk?
ALFRED: Ja, für dich.
RITA: Darf ich es sofort aufmachen?
ALFRED: Natürlich.
RITA: (*als sie es geöffnet hat*) Oh, eine Uhr!
ALFRED: Gefällt sie dir nicht?
RTA: Ja, ich danke dir, aber eine Uhr fehlt mir nicht. Mir gehören schon zwei. Und eine ist aus Gold. Mein Patenonkel Wilhelm hat sie mir gegeben.
ALFRED: Wieder einmal Pech gehabt! Bei dir gelingt mir keine Überraschung. Was möchtest du lieber haben?
RITA: Am liebsten Geld.

ALFRED: Geld! Da kann ich dir nicht helfen. Glaube mir, niemand gibt mir Geld auf meine Kreditkarte. Mein Kredit ist gestoppt, weil ich Schulden habe.

RITA: Wie konntest du diese Uhr kaufen?

ALFRED: Sie war ein Geschenk für mich. Von meiner Patentante. Wann werde ich endlich klüger werden?

Questions

I. Comprehension Questions

1. Wo sitzen Rita und Alfred?
2. Was gibt er ihr?
3. Läßt er sie das Paket sofort öffnen?
4. Was findet Rita in dem Paket?
5. Wie viele Uhren gehören ihr schon?
6. Wer hat ihr die Uhr aus Gold gegeben?
7. Was hat Alfred wieder einmal gehabt?
8. Was gelingt ihm bei Rita nie?
9. Was gibt ihm niemand auf seine Kreditkarte?
10. Von wem hat Alfred die Uhr bekommen?

II. Personal Questions

1. Wie viele Uhren hast du?
2. Hast du immer eine Uhr bei dir? Warum?
3. Wie spät ist es in diesem Augenblick?
4. Wie viele Stunden ist es noch bis zum Abendessen?
5. Wann gehst du abends zu Bett?
6. Wie spät stehst du an Wochentagen auf?
7. Wie lange kannst du sonntags im Bett bleiben?

18. Mittagspause

Eine Dame hält um die Mittagszeit an einem Imbißstand an. Der Mann am Fenster stellt ihr viele Fragen, aber sie ist in großer Eile.

MANN: Was darf es heute sein?
DAME: Ein Hamburger mit Kaffee, wie immer.
MANN: Was für ein Hamburger?
DAME: Der selbe wie gestern. Halbroh.
MANN: Möchten Sie Zwiebeln dazu? Gartenfrisch!
DAME: Das werde ich selbst herausfinden.
MANN: Auch Tomaten? Sie sind sehr vitaminreich.
DAME: Warum nicht? Aber bitte schnell. Ich habe nur eine kurze Mittagspause.

MANN: Auch roten Pfeffer dazu? Wundervoll heute. Er hat fast keine Kalorien.

DAME: Und wenn schon, mein Herr! Sie fragen mich jeden Tag dasselbe und lehren mich alles, was für Zutaten Sie zu Ihrem Hamburger haben. Ich weiß es selber, verstehen Sie? Es kostet mich jeden Tag eine halbe Stunde Ihnen zuzuhören. Warum gehen Sie nicht mit meinem Hamburger durch Ihren ganzen Gemüsegarten, und ich komme morgen wieder?

Questions

I. Comprehension Questions

1. Wo hält die Dame um die Mittagszeit?
2. Hat sie viel Zeit?
3. Was bestellt sie sich?
4. Wie soll ihr Hamburger sein?
5. Wie sind die Zwiebeln?
6. Was sind die Tomaten?
7. Was hat roter Pfeffer nicht?
8. Wieviel Zeit kostet es die Dame, dem Mann zuzuhören?
9. Wohin soll er mit ihrem Hamburger gehen?
10. Wann will sie dann wiederkommen?

II. Personal Questions

1. Gibt es einen Imbißstand in deinem Ort?
2. Gehst du oft dahin?
3. Dauert es lange, dort etwas zu bestellen?
4. Ißt du gern Hamburger mit Zwiebeln?
5. Was für Zutaten hast du gerne dabei?

19. Auf dem Bankett

Franz und Ruth sind zum ersten Mal auf einem Bankett. Hinterher gibt es Eis zum Nachtisch, und Franz kommt lachend zum fünften Mal mit einer neuen Portion vom Büfett zurück.

RUTH: Wie oft willst du dir noch Eis holen?

FRANZ: Es sieht so einladend aus! Sie haben eine Menge verlockende Sorten da : Vanille, Schokolade, Erdbeer, Pfirsich, Malaga . . .

RUTH: Fünf mal bist du schon ans Büffett gegangen! Und was sagst du zu all den wartenden Leuten, die zum ersten Mal da sind?

FRANZ: Keine Angst! Ich erkläre ihnen einfach, daß es alles für dich ist.

Questions

I. Comprehension Questions

   1. Wo sind Franz und Ruth zum ersten Mal?
   2. Was gibt es zum Nachtisch?
   3. Zum wievielten Mal kommt Franz mit einer Portion zurück?
   4. Wie sieht das Eis aus?
   5. Was erklärte Franz den wartenden Leuten?

II. Personal Questions

   1. Was für Eis magst du gerne?
   2. Welche Eissorten gibt es?
   3. Wo ißt du mehr Eis, im Eissalon oder zu Hause?
   4. Welchen anderen Nachtisch gibt es manchmal bei dir zuhause?
   5. Ist es gut, sehr viel Nachtisch zu essen? Warum?

20. Gemüse, Obst und Pizza

Frau Schulze kommt in ein Geschäft für Lebensmittel. Es ist der letzte Tag im Monat, und sie hat nicht mehr viel Haushaltsgeld.

FRAU SCHULZE: Welches Gemüse ist heute preiswert? Ich habe nicht mehr viel zum Ausgeben.

VERKÄUFERIN: Spinat, Rotkohl, Erbsen, Bohnen. Alles, was Sie hier sehen.

FRAU SCHULZE: Ich nehme ein halbes Pfund Bohnen. Das ist genug für unser Abendessen. Machen Sie schnell, mein letzter Bus fährt gleich. Ich will nicht nach Hause laufen. Was für Obst ist billig?

VERKÄUFERIN:	Die Pflaumen sind billiger als die Birnen. Und die Bananen kosten weniger als die Trauben. Sie sehen ja.
FRAU SCHULZE:	Wie teuer sind die Äpfel?
VERKÄUFERIN:	Zwei Mark das Pfund.
FRAU SCHULZE:	Dann habe ich kein Geld mehr für Kartoffeln. Geben Sie mir drei Pfund von den roten da. Aber nein, am besten nehme ich eine Pizza.
VERKÄUFERIN:	Soll ich sie schneiden? In was für Stücke? In Sechstel oder Achtel?
FRAU SCHULZE:	In Sechstel. Oder nein, für mich sind Viertel genug. Ich bin auf einer Diät.

Questions

I. Comprehension Questions

1. Wohin kommt Frau Schulze?
2. Welcher Tag ist es?
3. Was hat sie nicht mehr?
4. Was für Gemüse gibt es im Geschäft?
5. Was nimmt Frau Schulze?
6. Warum ist sie in Eile?
7. Was sind die Pflaumen?
8. Wovon will sie drei Pfund haben?
9. Was kauft Frau Schulze schließlich?
10. In was für Stücke soll die Verkäuferin die Pizza schneiden?

II. Personal Questions

1. Gehst du manchmal Lebensmittel einkaufen?
2. Welches Obst magst du am liebsten?
3. Welches Obst wächst bei euch?
4. Was für Obst kommt aus anderen Ländern?
5. Welches Gemüse hast du nicht gern?

21. Dreimal Kaugummi

Drei Freunde aus dem Kindergarten—Heinz, Bernd und Erna—kommen in einen kleinen Laden. Sie alle wollen Kaugummi, das hoch oben auf einem Regal liegt. Der alte Verkäufer muß auf eine Leiter steigen, um das Kaugummi zu finden.

HEINZ:	Drei Stangen Kaugummi, bitte. (*Der Verkäufer holt sie.*)
BERND:	Dasselbe, aber zwei Stangen. (*Der Verkäufer steigt wieder auf die Leiter und holt sie.*)
VERKÄUFER:	Und was soll es für dich sein, Erna?
ERNA:	Nur eine Stange Kaugummi.

VERKÄUFER: Nur eine! Derjenige, der mir sagt, ich muß heute noch zur Gymnastikstunde gehen, irrt sich. Dieselben Übungen habe ich hier umsonst.

Questions

I. Comprehension Questions

1. Wer kommt aus dem Kindergarten?
2. Wohin gehen sie?
3. Was wollen sie alle kaufen?
4. Wo liegt das Kaugummi?
5. Worauf muß der Verkäufer steigen?
6. Wieviele Stangen Kaugummi will Erna?
7. Wohin braucht der Verkäufer nicht mehr gehen?
8. Was hat er hier umsonst?

II. Personal Questions

1. Was für Süßigkeiten magst du gerne?
2. Was kaufst du dir manchmal zwischen den Mahlzeiten?
3. Rauchen heute viele junge Leute?
4. Was ist gesünder für uns, Zigaretten oder Kaugummi?

22. Beim Friseur

Axel kommt zum Friseur, um sich die Haare schneiden zu lassen. Er ist zum zweiten Mal hier.

FRISEUR: Guten Morgen mein Herr. Sie haben sich lange nicht sehen lassen. Was soll es heute sein?

AXEL: Wieder Haarschneiden natürlich. Rasieren lasse ich mich nicht von Ihnen.

FRISEUR: Wie wünschen Sie sich das Haar diesmal?

AXEL: Passen Sie auf! Auf der rechten Seite soll es lang bleiben. Auf der linken Seite kurz. Ich möchte, daß mein linkes Ohr zu sehen ist. Verstanden?

FRISEUR: Aber mein Herr!

AXEL: Vorn muß es noch kürzer sein.

RISEUR: Dieser Stil ist unmöglich! Ich weiß nichts dazu zu sagen.

ZXEL: Warum? Genau so haben Sie mein Haar zu schneiden gewußt, als ich das erste Mal hier war. Heute können Sie es außerdem noch grün färben.

Questions

I. Comprehension Questions

1. Warum kommt Axel zum Friseur?
2. Wie oft war er schon bei ihm?
3. Was will er sich nicht lassen?
4. Wie soll sein Haar auf der rechten Seite bleiben?
5. Wie will er es links haben?
6. Was ist der Zweck?
7. Wie findet der Friseur diesen Stil?
8. Wann hat er Axel das Haar schon einmal genau so geschnitten?
9. Wie soll er ihm das Haar färben?

II. Personal Questions

1. Wie oft gehst du zum Friseur?
2. Was läßt du dir beim Friseur machen?
3. Hast du lieber kurze oder lange Haare?
4. Welcher Stil ist dieses Jahr modern?
5. Läßt du dir dein Haar manchmal färben?
6. Welche Haarfarbe hast du am liebsten?

23. In der Reinigung

Marthel kommt zur Reinigung, um ihr Kleid abzuholen. Sie hat es vor zwei Wochen gebracht.

MARTHEL: Hier ist meine Nummer. Ich kann erst heute kommen, weil ich zwei Wochen lang verreist war. Es ist ein rotes Kleid.

ANGESTELLTER: Nummer 18. Einen Augenblick, bitte. (*Geht und kommt wieder.*) Ich weiß nicht, was los ist. Es ist nicht mehr da.

MARTHEL: Du meine Güte! Nicht da? Gehen Sie noch einmal alle Reihen entlang! Ich möchte gerne wissen, was für Methoden Sie hier haben. Haben Sie nicht gesehen, wo Nummer 19 ist?

ANGESTELLTER: Nummer 17 ist da und Nummer 19, aber nicht Nummer 18.

MARTHEL: Können Sie nicht Ihren Chef fragen, ob er sich an mein Kleid erinnert, denn er hat es vor zwei Wochen angenommen. Ich bin eine solche Bedienung nicht gewohnt. Es war mein bestes Kleid. Jetzt bin ich es los.

ANGESTELLTER: Tut mir leid. Sie schulden mir zwanzig Mark.

MARTHEL: Zwanzig Mark? Ich verstehe nicht. Wofür soll ich die bezahlen?

ANGESTELLTER: Für das Reinigen Ihres Kleides. Bevor es nicht mehr hier war.

Questions

I. Comprehension Questions

1. Weshalb kommt Marthel zur Reinigung?
2. Wann hat sie ihr Kleid gebracht?
3. Was weiß der Angestellte nicht?
4. Was möchte Marthel gerne wissen?
5. Was soll der Angestellte seinen Chef fragen?
6. Was ist Marthel nicht gewohnt?
7. Was will der Angestellte von ihr haben?
8. Was versteht Marthel nicht?

II. Personal Questions

1. Bringst du viele Sachen zur Reinigung?
2. Wie lange dauert das Reinigen dort?
3. Was kann man zuhause selbst waschen?
4. Bezahlst du für etwas, was nicht da ist?

24. Ein Vorschlag

Zwei Jungen, die einander von früher kennen, treffen sich im Kaufhaus wieder. Joachim steht gerade an einem Tisch mit Geburtstagskarten.

UWE: Halloh, Joachim! Wir haben einander lange nicht gesehen. Wie geht's? Was machst du hier?

JOACHIM: Ich sehe mir Geburtstagskarten an.

UWE: Du meinst wohl—für meinen Geburtstag, ja?

JOACHIM: Weshalb?

UWE: Weil er nächsten Dienstag ist. Ich weiß schon lange, daß du mich nie vergißt. Aber du brauchst mir keine Karte kaufen. Schreib nur ab, was darauf steht, und gib mir ein Geschenk.

JOACHIM: Mein eigener Geburtstag war am Siebten, vor zwei Wochen. Ich habe umsonst auf ein Geschenk von dir gewartet!

UWE: An deinem Geburtstag warst du wohl nicht zuhause?

JOACHIM: Nein. Wir gingen in den Zoo. Ich habe die Affen dort so gerne. Einer von ihnen erinnert mich immer an dich. Tschüß!

Questions

I. Comprehension Questions

1. Seit wann kennen die beiden Jungen einander?
2. Wo steht Joachim gerade?
3. Wann ist Uwes Geburtstag?
4. Was weiß er schon lange?
5. Was soll Joachim mit der Geburtstagskarte tun?
6. Was will Uwe von ihm haben?
7. Wann war Joachims eigener Geburtstag?
8. An wen erinnerte ihn einer der Affen im Zoo?

II. Personal Questions

1. Bekommst du viele Karten zum Geburtstag?
2. Schreibst du selbst gerne Geburtstagskarten?
3. Gehst du manchmal in den Zoo?
4. Welche Tiere dort sind den Menschen ähnlich?
5. Hast du lieber Affen oder Elefanten?

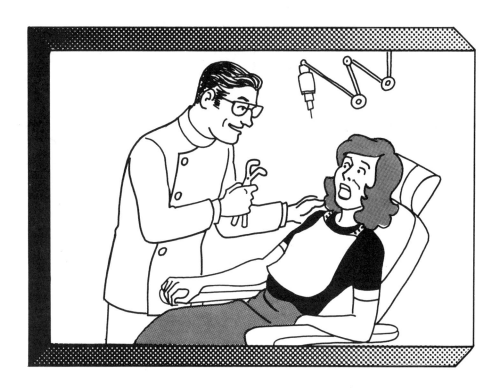

25. Beim Zahnarzt

Frau Schmidt kommt zum Zahnarzt. Er sieht auf die Uhr und läßt sie sofort zur Untersuchung Platz nehmen.

FRAU SCHMIDT: Entschuldigen Sie bitte, Herr Doktor. Es ist wegen des Zahns . . .

ZAHNARZT: Ja, ich habe es kommen sehen. Jede Woche passiert hier dasselbe. Wann war es, daß ich Sie schon gewarnt habe? Im Jahre 1981, glaube ich. Machen Sie bitte Ihren Mund auf.

FRAU SCHMIDT: Aber nein, ich meine . . .

ZAHNARZT: Keine Angst! Bitte Mund weiter öffnen. Sie müssen mir den Übeltäter finden helfen. (*Er fühlt ihre Zähne mit der Zange ab.*) Da ist er. Manche Tage geht es nicht so schnell. (*Zieht ihr einen Zahn heraus.*) Jetzt können Sie Ihren Mund ausspülen gehen. Da ist das Becken.

FRAU SCHMIDT: Aber ich hatte doch garkeine Zahnschmerzen! Jetzt bin ich einen guten Zahn los.

ZAHNARZT: Weshalb sind Sie denn gekommen?

FRAU SCHMIDT: Nur wegen meines Sohnes. Sie haben ihm gestern einen Zahn gezogen. Ich wollte nur fragen, wie hoch die Rechnung für ihn ist.

Questions

I. Comprehension Questions

1. Wohin kommt Frau Schmidt?
2. Wozu läßt er sie Platz nehmen?
3. Wann hat er sie schon gewarnt?
4. Was muß Frau Schmidt ihm helfen?
5. Was kann sie jetzt tun?
6. Was ist Frau Schmidt los?
7. Weshalb ist sie gekommen?

II. Personal Questions

1. In welchem Jahr warst du zum letzten Mal beim Zahnarzt?
2. Wie oft hast du schon Zahnschmerzen gehabt?
3. Haben viele Leute Angst vor dem Zahnarzt? Warum?
4. Soll man sich die Zähne oft untersuchen lassen? Warum?
5. Wie viele Zähne hast du schon verloren?

26. In der Bank

Paul arbeitet als Kassierer in einer Bank. Herr Meier ist Chef der Kreditabteilung und kommt mit einer dicken Aktentasche zu ihm ins Büro.

PAUL: Guten Morgen, Herr Meier. Heute ist ein wichtiger Tag.

HERR MEIER: Ja, er wird ereignisreich sein. Wann beginnt unsere erste Konferenz?

PAUL: In fünf Minuten. Das Darlehen für die Baufirma wird das erste Thema sein. Sie hat ein große Darlehen beantragt, aber sie hat viele Arbeitslose. Tatsächlich, es ist eine geheimnisvolle Sache. Niemand weiß, was der Bankdirektor sagen wird.

HERR MEIER: Bis später, Paul. Ich muß gehen.

PAUL:	Verzeihen Sie, Herr Meier. Darf ich Sie noch etwas fragen? Wer hilft Ihnen morgens beim Anziehen?
HERR MEIER:	Niemand. Ich kann es alleine tun. Warum fragen Sie das?
PAUL:	Weil Sie eine rote und eine blaue Socke anhaben, Herr Meier.

Questions

I. Comprehension Questions

1. Als was arbeitet Paul in der Bank?
2. Was ist Herr Meier?
3. Womit kommt er zu ihm ins Büro?
4. Wie wird der Tag heute sein?
5. Was wird das erste Thema auf der Konferenz sein?
6. Was hat diese Firma?
7. Was weiß niemand?
8. Was fragt Paul noch Herrn Meier?
9. Was für Socken hat Herr Meier an?

II. Personal Questions

1. Gehst du manchmal zur Bank?
2. Hast du ein Sparbuch?
3. Wie hoch sind die Zinsen für ein Sparkonto?
4. Ist Sparen eine gute Idee? Warum?
5. Wofür kannst du ein Darlehen bekommen?

27. Eine Rechnung

Der Elektriker hat im Büro eines Rechtsanwalts die Lichtleitung untersucht.

ELEKTRIKER: Herr Rechtsanwalt, ich bin gleich fertig mit der Arbeit. Es war nur etwas Schmutz an einem Kontakt. Wann darf ich meine Rechnung präsentieren?

RECHTSANWALT: Meinetwegen sofort. Geben Sie mir die Rechnung, bevor Sie gehen. Dann können Sie Ihr Geld gleich haben.

ELEKTRIKER: *(fünf Minuten später)* Hier ist meine Rechnung.

RECHTSANWALT: *(liest die Rechnung)* Um Himmelswillen! Fünfundachtzig Mark für eine Viertelstunde Arbeit!

Sogar ich verdiene nicht so viel in meinem Beruf.

ELEKTRIKER: Ist ja klar! Das war dasselbe bei mir, als ich auch noch Rechtsanwalt war. Deshalb bin ich jetzt Elektriker geworden.

Questions

I. Comprehension Questions

1. Wo war der Elektriker?
2. Was hat er untersucht?
3. Womit ist er gleich fertig?
4. Wo war nur etwas Schmutz?
5. Wann soll er die Rechnung zeigen?
6. Wofür will er 85 Mark haben?
7. Verdient der Rechtsanwalt mehr oder weniger?
8. Was war der Elektriker vorher?

II. Personal Questions

1. Kannst du eine Lichtleitung reparieren?
2. Verdient ein Elektriker viel Geld?
3. Möchtest du lieber ein Elektriker oder ein Rechtsanwalt sein? Warum?
4. In welchen Berufen verdient man viel Geld?
5. Was möchtest du tun, wenn du einmal viel Geld hast?

28. Im Hotel

Es ist früh am Morgen. Ein Hotelgast kommt zum Kassierer in der Empfangshalle.

GAST: Guten Morgen. Hier ist mein Schlüssel. Ich hatte Zimmer vierzehn.

KASSIERER: Waren Sie mit allem zufrieden?

GAST: Oh ja, danke.

KASSIERER: Ich sehe, da ist noch eine kleine Rechnung. Sie waren gestern abend in unserer Bar, nicht wahr?

GAST: Ja, ich hatte eine Flasche Schnaps und zwei Glas Bier dazu. Heute morgen nahm ich nur eine Tasse Kaffee, ohne zu frühstücken.

KASSIERER: Ja, ich sehe. Hier ist Ihre Rechnung für alles—Zimmer, Bar und Kaffee.

GAST: Danke. Aber ich muß Ihr Hotel verlassen, ohne etwas zu bezahlen. Ich habe kein Geld.

KASSIERER: Weshalb haben Sie das nicht sofort bei Ihrer Ankunft gesagt?

GAST: Ich wollte mir das Wochenende nicht verderben.

Questions

I. Comprehension Questions

1. Welche Tageszeit ist es?
2. Wohin kommt der Hotelgast?
3. Was gibt er dem Kassierer?
4. Wo war der Gast gestern abend?
5. Was hatte er dort bestellt?
6. Wie muß er das Hotel verlassen?
7. Was hat er nicht?
8. Weshalb hat er es nicht vorher gesagt?

II. Personal Questions

1. Wie viele Hotels gibt es in deinem Wohnort?
2. Was für Getränke kann man da bestellen?
3. Was ißt du meistens zum Frühstück?
4. Was trinkst du dazu?
5. Warum ist es besser, ein ganzes Frühstück zu essen?

29. Eine Rundfrage

Beim Eingang des Museums steht ein Beamter mit einem Fragebogen. Er fragt alle Leute, warum sie das Museum besuchen wollen.

BEAMTER: Verzeihen Sie, wir machen heute eine Rundfrage. Warum kommen Sie heute in unser Museum?

BESUCHER A: Wegen der Gemälde. Ich habe besonders klassische Bilder gern.

BESUCHERIN B: Ich interessiere mich für Ihre Ausstellung über abstrakte Kunst.

BESUCHERIN C: Die Skulpturen aus der Römerzeit. Sie erinnern mich immer an meine Kindheit in Italien.

BEAMTER: Und Sie, mein Herr? Haben Sie auch ein besonderes Kunstinteresse?

BESUCHER D: Von wegen! Ich komme, weil es zu regnen anfängt. Ich habe keinen Schirm bei mir und kann hier am besten auf besseres Wetter warten. Hoffen wir darauf, daß der Regen bald aufhört!

Questions

I. Comprehension Questions
1. Wo steht der Beamte?
2. Was fragt er die Leute?
3. Was hat Besucher A besonders gern?
4. Wofür interessiert sich Besucherin B?
5. Woran erinnern die Besucherin C die Skulpturen aus der Römerzeit?
6. Warum kommt Besucher D?
7. Worauf hofft er?

II. Personal Questions
1. Gehst du gerne ins Museum?
2. Was interessiert dich da besonders?
3. Hast du lieber klassische oder moderne Kunst?
4. Welchen Maler hast du gerne?
5. Erinnerst du dich an eine Ausstellung, die dir besonders gefallen hat? Welche war es?

30. Auf dem Schiff

*Auf dem Deck eines großen Überseedampfers sind
viele Tiere in ihren Käfigen. Sie unterhalten sich über
ihren Transport nach Deutschland.*

GORILLA: Mein Sohn Max freut sich schon auf den Hamburger
Zoo. Da soll es keine Käfige geben.

SCHIMPANSE: Ihr habt Glück. Schade, daß wir nicht zusammen
bleiben können. Ich habe den Kapitän sagen hören,
daß ich mit meiner Familie nach München komme.

GORILLA: Dann wird Susie, euer Baby, sofort Deutsch verstehen lernen!

SCHIMPANSE: Ja, sie ist auch sehr intelligent. Ein paar von uns
Tieren hier lassen sich aber jetzt schon Deutschstun-
den geben.

GORILLA:	Wo gibt es die?
SCHIMPANSE:	Im Vogelkäfig, hinten an Bord. Ferdinand, der Papagei, ist der Lehrer.
GORILLA:	Hilft er auch den Löwen Deutsch lernen?
SCHIMPANSE:	Denkst du, aber nein, die Löwen sind zu eingebildet. In Wirklichkeit sind sie dümmer als die Leute hier auf dem Schiff, die gar keine unserer Sprachen verstehen. Menschen stammen zwar von uns ab, aber haben nur noch zwei Arme und Hände! Nur einer von ihnen war so geschickt wie wir: Tarzan.

Questions

I. Comprehension Questions

1. Wo sind viele Tiere auf dem Deck des Überseedampfers?
2. Worüber unterhalten sie sich?
3. Worauf freut sich der Sohn des Gorillas?
4. Wohin soll die Familie des Schimpansen kommen?
5. Was wird Susie, sein Baby, dann sofort lernen?
6. Was lassen sich ein paar der Tiere geben?
7. Was sind die Löwen?
8. Von wem stammen die Leute auf dem Schiff ab?
9. Wieviele Arme und Hände haben sie nur?
10. Was war Tarzan?

II. Personal Questions

1. Wohin möchtest du gerne eine Schiffsreise machen?
2. Womit reisen mehr Leute nach Übersee, mit dem Schiff oder mit dem Flugzeug?
3. Welche Reise dauert länger?
4. Welche Tiere sind den Menschen am ähnlichsten?
5. Glaubst du, wir stammen von den Affen ab? Warum?

Übungen

1. Auf dem Flugplatz

I. Vocabulary

A. Fill in each of the boxes below with one of these letters—
E Ö L M W—to form five words, reading across. Each word
contains at least three letters. The new letter may be the first
letter, the last letter, or in the middle of the word. All of the words
are names of beverages. To start you off, one of the words has
already been completed: Milch.

A	B	E	R	U		Z	O	R	L	T
S	K	A	F	F		E	N	K	U	P
J	E	P	M	I	L	C	H	R	A	S
O	B	L	I	K		R	E	T	I	H
T	A	N	K	E		E	I	N	S	F

B. Cognates are words that are spelled similarly in German and in
English and that have a similar root or element in both languages.
Match each of the words on the left with its German equivalent on
the right.

1.	cigar	a.	Passagier
2.	cigarette	b.	Zigarre
3.	inspector	c.	Inspektor
4.	passenger	d.	Zigarette

C. Fill in the missing word in each of these sentences based on the
dialogue.

1. Herr Scholl steht an der _____ des
   Flugplatzes.
2. Er redet mit dem _____ .
3. Es war ein _____ Flug.
4. Chicago war eine _____ Stadt.
5. Herr Scholl hat _____ Kaffee.

63

II. Verbs

A. Present tense forms of *haben* and *sein* are: *habe, hast, hat; haben, habt, haben;* and *bin, bist, ist; sind, seid, sind.* Complete each of these statements with the appropriate form of *sein* or *haben* in the present tense.

1. Herr Müller _____ aus Frankfurt.
2. Du _____ Kaffee mit Milch.
3. Er _____ keine Zigarren.
4. Ich _____ ein gutes Auto.
5. Wir _____ in Amerika.
6. Ihr _____ nicht viel Geld.
7. Sie (*plural*) _____ an der Zollkontrolle.
8. Du _____ sehr freundlich.
9. Wir _____ keinen Wein.
10. Es _____ heute warm.
11. Ihr _____ in Deutschland.
12. Sie (*polite form*) _____ guten Kaffee.

B. Weak verbs are formed by adding the endings *-e, -st, -t; -en, -t, en* to the stem of the verb, the infinitive minus *-en.* Fill in the correct form, present tense, of the verb given in parentheses.

1. Wir _____ an der Zollkontrolle. (stehen)
2. Du _____ mit dem Inspektor. (reden)
3. Sie (*plural*) _____ aus der Schule. (kommen)
4. Ich _____ in Chicago. (wohnen)
5. Er _____ eine Zigarre. (rauchen)
6. Sie (*polite form*) _____ einen Flug. (machen)

III. Structures

A. Complete each statement with the appropriate preposition.

1. Herr Müller kommt _____ Bonn.
2. Er kommt _____ Chicago zurück.
3. Er redet _____ dem Inspektor.
4. Er steht _____ der Zollkontrolle.
5. Er hat lieber Kaffee _____ Milch.

B. Which word for *you* (singular) belongs in the following sentences, the formal *Sie* or the informal *du*?

    1. _____ sind ein freundlicher Herr.

    2. _____ bist mein Freund.

    3. Kommen _____ aus Sidney?

    4. Was hast _____ lieber?

C. Unscramble the words to form a sentence in German.

    1. zurück / Scholl / aus / Herr / Chicago / kommt.

    2. Inspektor / redet / dem / er / mit.

    3. gerne / er / so / fliegt.

    4. interessante / war / Chicago / Stadt / eine.

    5. lieber / Kaffee / hat / Milch / er / ohne.

D. In questions the regular word order (subject, verb, object) is reversed; the verb comes first and the subject follows. For example, *Er hat Zigarren* becomes *Hat er Zigarren? Die Milch ist hier,* when used with some question words like *wo,* becomes *Wo ist die Milch?* In changing the following statements to questions, observe the word order.

    1. *Hans* kommt aus Berlin. (*Use*: wer?)

    2. Erna ist *auf dem Flugplatz.* (*Use*: wo?)

    3. Ich bin *ein Inspektor.* (*Use*: was?)

    4. Der Flug war *ausgezeichnet.* (*Use*: wie?)

    5. Sie ist *Freitag* gefahren. (*Use*: wann?)

2. Onkel Ferdi

I. Vocabulary

A. The Meier family got together recently to straighten out the various relationships among their members. Can you help them? The picture below shows that Frau and Herr Meier, whose first names were AUGUSTE (1) and JULIUS (2), had two children: WALTER (3) and KARLA (6). WALTER married IRENE (4), and KARLA married FERDI (5). Each of the two couples had two children: ELKE (7) and ROBERT (8), and UTE (9) and HOLGER (10). Now, from the illustration below, can you tell in German who is who?

AUGUSTE	JULIUS
1	2

WALTER	IRENE	FERDI	KARLA
3	4	5	6

ELKE	ROBERT	UTE	HOLGER
7	8	9	10

In column A fill in the correct words from column B. (It might take you some time, though!)

A	B
1. Robert ist Elkes_____	a. Neffe
2. Ute ist Holgers_____	b. Nichte
3. Holger ist Roberts_____	c. Geschwister
4. Elke ist Utes_____	d. Bruder
5. Walter ist Elkes_____	e. Eltern
6. Irene ist Roberts_____	f. Enkel
7. Ute ist Ferdis_____	g. Mutter
8. Holger ist Karlas_____	h. Schwägerin
9. Elke und Robert sind____	i. Onkel
10. Walter und Irene sind Roberts_____	j. Schwester
	k. Großeltern
11. Elke ist Ferdis_____	l. Tante
12. Holger ist Walters_____	m. Enkelin
13. Irene ist Utes_____	n. Base
14. Walter ist Holgers_____	o. Sohn
15. Ferdi ist Irenes_____	p. Schwager
16. Irene ist Karlas_____	q. Enkelkinder
17. Holger ist Augustes____	r. Vater
18. Elke ist Julius'_____	s. Tochter
19. Ute und Robert sind Julius' und Augustes_____	t. Vetter
20. Julius und Auguste sind Elkes_____	

B. **Answer** these questions in complete German sentences beginning with *Ja* or *Nein*.

1. War der Vater meiner Mutter mein Onkel?
2. Sind die Kinder deiner Tante deine Enkel?
3. Ist die Base meines Bruders meine Nichte?
4. War sein Onkel der Vater seines Vetters?
5. Waren ihre Großeltern die Kinder ihrer Schwester?
6. Sind meine Geschwister die Neffen meiner Eltern?

II. Verbs

A. Past tense forms of *haben* and *sein* are: *hatte, hattest, hatte; hatten, hatte, hatten;* and *war, warst, war; waren, wart, waren.* Change each of these statements to the past tense using the appropriate form of *haben* or *sein.*

1. Ferdi *ist* mein Onkel.
2. Er *hat* einen Freund.
3. Seine Geschwister *sind* in Köln.
4. Ihre Eltern *haben* viel Geld.
5. *Hast* du ein neues Auto?
6. Ihr *seid* aus München.
7. Der Bauernhof *hat* eine Weide.
8. Ich *bin* ein Berliner.

B. Weak verbs are formed by adding the endings *-te, -test, -te; -ten, -tet, -ten* to the verb stem. If the combination of the stem and the ending is difficult to pronounce, an *-e* is inserted, as in *öffn/en—öffn/ete.* (Strong verbs use the past verb forms indicated in dictionaries.) Change the following statements to the past tense using the appropriate form of the verb.

1. Ich *höre* das Radio.
2. Sie *erzählt* einen Witz.
3. Ihr *redet* viel.
4. Sie *ahnen* es.
5. Du *fragst* viel.
6. Er *antwortet* nicht.
7. *Sagt* dein Freund es?

C. Select the verb from column B that best fits into the incomplete statement in column A and put it into the correct form of the past tense.

A	B
1. Ella _____ meinen Freund.	a. sagen
	b. fragen
2. Mein Freund _____ nicht.	c. reden
	d. antworten
	e. hören
3. Was _____ dein Vater?	

4. _____ ihr die
   Musik?
5. Ferdi _____ viel.

III. Structures

A. The definite articles are: *der, des, dem, den; die, der, der, die; das, des, dem, das.* The plural article for all three genders is *die, der, den, die.* Fill in the definite articles in these sentences.

1. _____ Herr fragt _____ Inspektor.
2. Er hat lieber _____ Kaffee mit Milch.
3. Ilse kennt _____ Tochter _____
   Mannes.
4. Wir fragen _____ Kind.
5. Sagst du es _____ Tante?
6. Fritz antwortet _____ Großeltern.
7. Er ist ein Freund _____ Nichte.
8. Anna kannte _____ Rätsel nicht.
9. _____ Geschwister sind aus Essen.
10. Else sagte es _____ Eltern.

B. The indefinite articles are: *ein, eines, einem, einen; eine, einer, einer, eine; ein, eines, einem, ein.* Fill in the indirect articles for the nouns in these sentences.

1. Er ist der Sohn _____ Inspektors.
2. Dagmar hat _____ Freund.
3. Kennt ihr _____ Rätsel?
4. Sie antwortete _____ Herrn.
5. Hier ist die Erklärung _____ Großmutter.

C. The genitive case of proper names is formed simply by adding an -s to the name, but it is not followed by an apostrophe: *Vaters Haus.* If the name ends with an -s or a -z, only an apostrophe is added: *Julius' Freund* and *Franz' Onkel.* Change the underlined names to the genitive.

1. Ulli   Auto
2. Frau Schulze   Kinder
3. Hans   Brief
4. Karla und Robert   Eltern
5. Herr Lutz   Tabak

69

3. In der Cafeteria

I. Vocabulary

A. Fill out the rows of this pyramid with the words that mean: 1. short form of Josef; 2. a form of *sein*; 3. an indefinite article; 4. tall; 5. person.

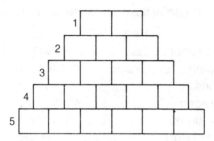

B. Unscramble the words to form a sentence in German.

geschrieben / Adele / den / Bodos / hat / Briefumschlag / Namen / auf.

II. Verbs

A. Find the appropriate verb from column B to complete the sentences in column A.

A	B
1. Der Mann _____ vor dem Kino.	a. kennt
	b. ist
	c. fährt
2. Wir _____ in die Schule.	d. gehen
	e. schreibt
3. Die Mutter _____ das Frühstück.	f. fliegt
	g. leben
	h. kocht
4. Das Auto _____ schnell.	i. steht
5. Theo _____ seinen Freund.	j. erzählt
6. Adele _____ einen Brief.	

70

7. Wann _____
   ihr nach Europa?
8. Ludwig _____
   oft in Chicago.
9. Onkel Ferdi
   _____ ein
   Rätsel.
10. Wo _____ die
    Eskimos?

B. The present perfect of transitive German verbs is formed by the present tense forms of *haben* plus the past participle of the verb. Weak verbs form their perfect participle with the prefix *ge-* and *-t* added to the verb stem: *machen—gemacht.* (Past participle forms of strong verbs must be learned individually.) In main clauses, the participle stands at the end. Change the verb forms in the following statements to the present perfect by using the correct form of *haben.*

Example: Ich schicke den Brief. / Ich habe den Brief geschickt.

1. Er kauft das Buch.
2. Wir hören die Musik.
3. Oskar macht das Frühstück.
4. Luise spielt Tennis.
5. Wohnst du in Frankfurt?

C. Some intransitive verbs use *sein* forms in the present perfect. These are verbs implying change of place or condition, such as *laufen* and *geschehen,* as well as *sein* and *bleiben.*

Examples: *Ich bin gelaufen* and *Seid ihr geblieben?*

Change the verb forms in these sentences to the present perfect.

1. Hanna geht ins Disko.
2. Ihr wandert durch die Berge.
3. Der Kuchen ist sehr gut.
4. Bleiben deine Eltern zuhause?
5. Es geschieht nicht oft.

D. Past participles of verbs ending with *-ieren* only need a *-t* added to their stem: *passieren - passiert*. Form past participles of these verbs.

    1. ignorieren   2. akzeptieren   3. normalisieren

III. Structures

A. Dative forms must be used with these prepositions: *aus, außer, bei, mit, nach, seit, von, zu.*

Example: Ich komme aus der Schule.

Fill in the correct dative form of the articles in parentheses in these statements.

    1. Erich kommt aus (die) _____ Schule.
    2. Wir waren nach (das) _____ Konzert bei Inge.
    3. Ist Bertha zu (die) _____ Oper gegangen?
    4. Du hast seit (das) _____ Essen nichts gesagt.
    5. Anke bleibt heute bei (die) _____ Kindern.

B. Abbreviated forms are often used with the prepositions *zu* and *von: Er geht zum Fußball* and *Sie hörten vom Onkel.* Use such abbreviated forms in these sentences.

    1. Irene kam *von dem* Theater.
    2. Wir fahren *zu dem* Zoo.

4. Auf dem Lande

I. Vocabulary

A. Complete the statements in column A with the appropriate verb forms from column B.

A	B
1. Das Pferd	a. fliegt
_____ in dem	b. rennt
Stall.	c. frißt
2. Die Schlange	d. kriecht
_____ auf dem	e. steht
Boden.	
3. Der Adler	
_____	
über die Berge.	
4. Die Kuh _____	
auf der Weide.	
5. Der Büffel	
_____ durch die Prärie.	

B. Find the words relating to what you see on the farm by writing in the German equivalent of these expressions.

Across	Down
1. cowshed	5. garden
2. arable land	6. barn
3. pasture	
4. field	

To start you off, the first word has already been filled in.

73

C. Are you a Poet? Fill in the last word in every other line to complete this poem. Each new word should rhyme with the last word in the preceding line. The English equivalent of each word is given beside the blanks.

> Der alte Mann saß immer
> in seinem kalten _____ . (room)
> Einer von seinen Tischen
> war oft bedeckt mit _____ . (fishes)
> Er aß oft ohne Worte
> alleine eine _____ . (tart)
> Ich konnte nicht mehr warten
> und ging in seinen _____ . (garden)
> Ich hatte es gelesen
> und war nie da _____ . (been)

II. Verbs

A. The past perfect is formed by using the past forms of *haben* or *sein* in connection with the past participle of the verb.

Example: *Sie kauft ein Auto* / *Sie hatte ein Auto gekauft* and *Wir sind im Theater.* / *Wir waren im Theater gewesen.*

Change the verb forms in these statements to the past perfect.

1. Helmuth lebt in der Stadt.
2. Sein Vater zeigt ihm die Scheune.
3. Sie besuchten den Bauer.
4. Er war im Kuhstall.
5. Sie haben die Melkmaschine gesehen.
6. Bist du in Augsburg gewesen?
7. Ruth redete mit ihrer Freundin.
8. Habt ihr Oskar gefragt?
9. Mein Schwager antwortete nicht.
10. Hörten Sie das Konzert im Radio?

B. Fill in the blanks with the appropriate verb forms from the list below to complete the little joke.

Hast du _____1_____, was gestern meiner Frau _____2_____ ist? Ein Mann hatte sie am Telefon _____3_____: Ist Herr Milliapowitzkona zuhause? Sie _____4_____ geantwortet: _____5_____ Sie Paul? Und er _____6_____ ihr: Ja, das _____7_____ er. Ich habe immer dies Problem mit schweren Namen_____8_____. Ich _____9_____ sie immer. Kann ich jetzt mit Ihrem Mann_____10_____?

a. sprechen   f. gefragt
b. ist   g. Meinen
c. gehabt   h. gehört
d. vergesse   i. hat
e. passiert   j. erklärte

III. Structures

A. Der words are: *dieser, jener, jeder, mancher, solcher, welcher.* They have the same endings as *der, die, das.*

Examples: *der Mann / dieser Mann; den Frauen / jenen Frauen; die Kinder / solche Kinder.*

Replace the direct articles contained in the noun forms in column A with the correct form of the *der* word in column B.

A	B
1. *der* Onkel	a. dies-
2. *des* Stiers	b. jen-
3. *dem* Freund	c. manch-
4. *den* Bauer	d. solch-
5. *die* Freundin	e. dies-
6. *der* Groβmutter	f. jed-
7. *das* Rätsel	g. welch-
8. *die* Leute	h. jen-

B. *Ein* **words** are: *kein* and the possessive adjectives *mein, dein, sein, ihr, sein; unser, euer, ihr, Ihr* (polite). They have the same endings as the *der*-words, except in masculine nominative and neuter nominative and accusative.

Examples: *mein Vater* and *unser Haus.*

Replace the *der* words contained in the noun forms in column A with the correct form of the *ein* word in column B.

<table>
<tr><td colspan="2" align="center">**A**</td><td colspan="2" align="center">**B**</td></tr>
<tr><td>1.</td><td>*dieser* Herr</td><td>a.</td><td>kein</td></tr>
<tr><td>2.</td><td>*jenes* Bauernhofs</td><td>b.</td><td>mein</td></tr>
<tr><td>3.</td><td>*manchem* Sohn</td><td>c.</td><td>dein</td></tr>
<tr><td>4.</td><td>*solchen* Hund</td><td>d.</td><td>sein (masc.)</td></tr>
<tr><td>5.</td><td>*jede* Schule</td><td>e.</td><td>ihr</td></tr>
<tr><td>6.</td><td>*welche* Nichte</td><td>f.</td><td>unser</td></tr>
<tr><td>7.</td><td>*manches* Auto</td><td>g.</td><td>euer</td></tr>
<tr><td>8.</td><td>*diese* Scheunen</td><td>h.</td><td>Ihr (plural)</td></tr>
</table>

C. **Abbreviations** of *ein*-words are: *unsre* (for *unsere*), *unsers (unseres), unserm (unserem), unsern (unseren), unsrer (unserer);* also in some forms of *euer* the -*e*- can be left out.

Replace these *ein*-words with their abbreviated form.

1. *euere* Kuh
2. *unserem* Vetter
3. *eueren* Namen.

5. In Autobus

I. Vocabulary

A. **Synonyms** are words that have similar meanings. Match these synonyms.

A	B
1. sprechen	a. ausgezeichnet
2. passieren	b. geschehen
3. wunderbar	c. nun
4. jetzt	d. reden

B. **Antonyms** are words that have opposite meanings. Match these antonyms.

A	B
1. groß	a. antworten
2. zuerst	b. danke
3. fragen	c. etwas
4. bitte	d. zuletzt
5. nichts	e. klein

C. **Noun compounds** may be formed by putting two or more nouns together: Zoll + Kontrolle = Zollkontrolle. The last of the combined nouns will determine the gender of the compound. Example: *der Zoll* and *die Kontrolle* result in *die Zollkontrolle.* From words used in previous dialogues, form the compound nouns expressing the following:

1. taking a *Tour* in a *Bus*;
2. a *Tasche* for *Akten*;
3. an *Umschlag* for a *Brief*;
4. a *Karte* for the *Theater*;
5. the *Deutschland* in the *West.*

II. Verbs

A. **The future tense** of verbs is formed by combining a form of *werden* with the infinitive: *ich gehe—ich werde gehen.* Change the following sentences to future tense:

1. Meine Eltern fahren nach Deutschland.
2. Ich schwimme im Ozean.
3. Wir besuchen unsere Großeltern.

4. Gehst du morgen ins Kino?
5. Sie hat kein Geld.
6. Fliegt ihr nach Montreal?
7. Ferdinand kommt bald nach Hause.

B. **Change** the following sentences to the tenses indicated in parentheses.

1. Sein Vater war aus Köln. (Present perfect)
2. Olga wohnt in Mexiko. (Future tense)
3. Wir hatten die Oper besucht. (Past tense)
4. Seid ihr in der Cafeteria? (Past perfect)
5. Ich fragte meinen Onkel. (Future tense)
6. Sie waren in dem Disko gewesen. (Present tense)
7. Bleiben Sie lange in Amerika? (Past perfect)
8. Detlef macht einen Fehler. (Future tense)
9. Sie blieben nicht lange hier. (Present perfect)
10. Hattest du mein Buch? (Future tense)

III. Structures

A. **Accusatives** must follow these prepositions: *bis, durch, für, gegen, ohne, um.*

Example: *Ich kaufe das Buch für den Mann*

Provide the correct accusative forms of the words in parentheses.

1. Wir fahren durch (die) _____ Alpen.
2. Bis (welcher) _____ Tag bleibst du in Berlin?
3. Sie kauft es für (mein) _____ Vetter.
4. Karl ist gegen (das) _____ Haus gefahren.
5. Sie kam ohne (ihr) _____ Tante.
6. Der Pilot fliegt um (die) _____ Welt.

B. **Abbreviations** are sometimes used with *in* and *auf* together with verbs indicating motion. (*Er geht ins Kino.*) Use abbreviated forms of the underlined words in these sentences.

1. Kommst du <u>in das</u> Haus?
2. Wir fahren <u>auf das</u> Land.

6. Magenschmerzen

I. Vocabulary

A. Insert the missing words in the story below from this list.

etwas / Prüfung / zwei / Beste / vorbei.

Jochen hat _____ Bitteres gegessen. Er kam
_____ Stunden zu spät. Die _____ in Mathematik war _____ . Es ist das _____ von allem
gewesen.

B. Make nouns out of adjectives by capitalizing them and adding the appropriate ending to them. Use the word given in parentheses before each of the nouns.

1. gut (das)   _____
2. klein (die)   _____
3. groβ (der)   _____
4. schön (etwas)   _____
5. neu (nichts)   _____

C. Decode the words for the parts of the body listed below. Each letter in these words has been substituted. When you have discovered the actual letters of one word, apply the same letters to help decode the other words, since each code letter represents the same letter in all the other words.

The words mean:

1. eye   6. stomach
2. heart   7. nose
3. liver   8. kidney
4. lung   9. ear
5. hand   10. leg

1. B R A G		6. U B A G K
2. C G D F		7. K B Y G
3. I G H G D		8. K T G D G
4. I R K A G		9. Z C D
5. C B K O		10. H G T K

II. Verbs

A. Modal auxiliaries are *dürfen, können, mögen, müssen, sollen, wollen.* Their principal parts must be learned individually. In the following sentences, fill in the present tense form of the modal indicated in parentheses:

1. Jochen _____ im Bett bleiben. (dürfen)
2. Er _____ nicht aufstehen. (können)
3. Er _____ gern Sauerkraut. (mögen)
4. Er _____ zur Schule gehen. (müssen)
5. Er _____ eine Prüfung haben. (sollen)
6. Jochen _____ nicht in der Deutsch-Klasse fehlen. (wollen)

B. Use the past tense for each modal in Exercise A.

III. Structures

A. Imperatives in the singular are usually formed by using the stem of the verb (*geh* from *gehen*) or adding an *-e* to it, as in *gehe!* In the formal imperative, the reversed *Sie* form is used: *Gehen Sie!* In the plural, a *-t* is added to the verb stem, as in *geht!* Change the following verbs to the imperative forms under a, b, and c.

	a. singular	b. formal	c. plural
1. stehen	_____	_____	_____
2. arbeiten	_____	_____	_____
3. kommen	_____	_____	_____
4. hören	_____	_____	_____
5. bleiben	_____	_____	_____

B. Reading is not done from left to right in all countries. Could it be that a Chinese typesetter has set this statement in German? Try to unscramble it.

REDNIK ELEIV TAH LIME

DNUERF NIEM.

C. From the list of syllables below, find German words for the English words below.

brat	schrank
eis	schritt
fern	se
fort	te
ge	vat
hen	wicht
kra	wurst

1. television
2. progress
3. weight

4. necktie
5. refrigerator
6. bratwurst

7. Erdkunde

I. Vocabulary

A. Fill in this crossword puzzle with the German words whose English equivalents are given below.

Across	Down
1. Europe	4. near
2. North	5. Rhine
3. South	6. Alps

(To start you off, the word *Norden* has already been filled in.)

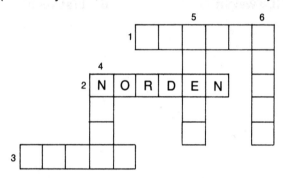

B. Using the list of syllables, make German words for the English words given below.

1. continent	4. sauerkraut
2. East Germany	5. Monday
3. exam	6. questions

deutsch   land
er   mon
erd   ost
fra   prü
fung   sau
gen   tag
kraut   teil

C. Match the words in columns A and B.

	A		B
1.	Former German capital	a.	Bonn
2.	Initials for Bundes-republik Deutschland	b.	DDR
		c.	Ost-Berlin
3.	Capital of the BRD	d.	BRD
4.	Initials for Deutsche Demokratische Republik	e.	Berlin
5.	Capital of the DDR		

II. Verbs

Pick the missing verb forms in column A from those in column B.

A

Ein Mann _____1_____
über die Autobahn. Er
_____2_____ ein Schwein
neben sich auf dem Sitz. Ein
Polizist _____3_____ ihn.
Der Mann _____4_____:
"Das Schwein_____5_____
vor mein Auto gelaufen." "Sie
können es in den Zoo
_____6_____," sagte der
Polizist. Am nächsten
Tag _____7_____ der
Polizist den Mann wieder.
Auch das Schwein
_____8_____ wieder neben
ihm im Auto. "Habe ich Ihnen
nicht _____9_____,
Sie _____10_____ es in den
Zoo bringen?"
_____11_____ der Polizist.
"Ja," _____12_____ ihm der
Mann. "Das
Schwein _____13_____ den
Zoo nicht so gern.
Ich _____14_____ heute lieber
mit ihm zum Fußball."

B

a. sagte
b. ist
c. fuhr
d. bringen
e. sah
f. stoppte
g. hatte
h. saß
i. gesagt
j. antwortete
k. fahre
l. mag
m. fragte
n. sollen

83

III. Structures

A. Comparative forms of adjectives and adverbs are usually formed by adding an *-er* to the word: *klein/kleiner.* The vowels *u, a, o,* often change to *ü, ä, ö: jung/jünger.* Words ending with *-en* or *-el* may drop the *-e-* before the *-er* ending: *golden/goldner. Than* following comparatives is *als.* Form comparatives of these adjectives.

1. jung	5. dumm	9. warm
2. alt	6. weit	10. kalt
3. groß	7. lang	11. schwarz
4. klein	8. kurz	12. rot

B. Superlative forms are usually formed by adding *-st: klein/ kleinst,* but after *d, t, s, st, ß, tz, x, z* it becomes *-est : weit/weitest.* When it occurs without a noun, the form *am -sten* is required: *Sie singt am schönsten.* Fill in the appropriate superlative forms in these statements, using the words given in parentheses.

1. Das ist die _____ Antwort.   (dumm)
2. Wir hatten den _____ Winter   (kalt)
3. Da ist die _____ Straße.   (breit)
4. Er war der _____ Mann.   (arm)
5. Sie hat das _____ Kleid.   (schön)
6. Alex ist unser _____ Kind.   (jung)
7. Es war der _____ Weg.   (kurz)
8. Diese Frage war am _____ .   (schwer)

C. Irregular forms of comparatives and superlatives are: *gern - lieber - am liebsten; groß - größer - der größte; gut - besser - der beste; hoch - höher - der höchste; nah - näher - der nächste; viel - mehr - der meiste; wohl - besser - am besten.* Change these examples.

1. Otto singt *gern.* (superlative)
2. Ilse ist *groß* (comparative) als Franz.
3. Wir haben das *hohe* (superlative) Haus.

8. Biologie-Unterricht

I. Vocabulary

A. Find the German equivalents of these ten subjects hidden in the word box below.

1. Mathematics
2. Chemistry
3. Biology
4. History
5. Geography

6. English
7. German
8. Music
9. Drama
10. Gymnastics

The words are spelled out horizontally, vertically, diagonally, backward, and forward. Two of the words have already been circled: *Mathematik* and *Erdkunde*.

B. **Words for persons** who perform a certain activity often are formed by adding -*er* to the verb (without its -*en* infinitive ending) that expresses that activity: *arbeiten/Arbeiter*. Feminine nouns of the same order may be formed from many such masculine nouns by adding -*in*: *Verkäufer/Verkäuferin*. From the verbs in column A, form masculine nouns in column B and feminine nouns in column C.

	A	B	C
1.	schreiben	_____	_____
2.	lesen	_____	_____
3.	sprechen	_____	_____
4.	fahren	_____	_____
5.	spielen	_____	_____

C. **In certain verbs** an *a* may change to *ä* and an *au* to *äu*: *tanzen/Tänzer* and *laufen/Läufer*. Make the same changes to nouns from these verbs.

	A	B	C
1.	tragen	_____	_____
2.	kaufen	_____	_____
3.	schlafen	_____	_____
4.	rauben	_____	_____

II. **Verbs**

Um . . . zu with the infinitive of a verb expresses a purpose, as in *um Krankheiten zu vermeiden*. Change these paired statements into one by using the *um . . . zu* structure.

1. Er kauft Schuhe. Er will wandern.
2. Julius und Fritz studieren. Sie möchten ein gutes Examen machen.
3. Die Frau geht von Haus zu Haus. Sie will Zeitungen verkaufen.
4. Ich gehe ins Theater. Ich möchte ein Drama sehen.
5. Erna besucht diese Schule. Sie will Deutsch lernen.

III. Structures

A. Genitive forms must be used with these prepositions: *trotz, während, wegen, statt* (or *anstatt*), *um . . . willen.*

Example: *Er kommt nicht, wegen seiner Erkältung.*

Fill in the correct genitive form from the words in parentheses.

1. Olga kommt trotz (der) _____ Regens.
2. Er hat während (die) _____ Musik geschlafen.
3. Anna bleibt zuhause wegen (ihr) _____ Krankheit.
4. Ich gehe ins Kino anstatt (das) _____ Diskos.
5. Wir fliegen nach Bonn um (Vater) _____ willen.

B. Unscramble the words to form a sentence in German.

1. lernen / Krankheiten / viel / sie / über.
2. morgen / wir / Chemie / haben / werden?
3. sehr / Dagmar / gerne / Musik / hat /
4. lieber / Paul / ins / geht / Theater.
5. Kino / liebsten / ich / am / ins / gehe.

9. Im Umkleideraum

I. **Vocabulary**

A. **This word group** is in code. Each letter in the words has been
   substituted. When you have discovered the actual letters of one
   word, apply the same letters to help decode the other words. To
   start you off, one of the words has already been decoded.

1. <u>T U R N E N</u>   4. _____
   H K C U Y U   Z G D D Y U

2. _____   5. _____
   A F C X U D Y U   C Y U U Y U

3. _____   6. _____
   A L W R X B B Y U   H E K L W Y U

B. Using the picture, identify the parts of the body in German from the list given.

der Kopf
das Haar
das Gesicht
das Auge
die Nase
der Mund
das Ohr
die Stirn
das Kinn
der Hals
die Schulter
die Brust
der Magen
der Arm
die Hand
der Finger
der Daumen
der Schenkel
das Bein
die Wade
der Enkel
der Fuß
die Zehe

C. Identify the German words for the articles of clothing shown below. You will find the words from the list of syllables.

1.

6.

2.

7.

3.

8.

4.

9.

5.

10.

Syllables:(In word division, *ck* becomes *k-k*) blu   hand   he
he   jak   ke   ken   kra   man   müt   schu   schu   schen   se
sok   ta   te   te   tel   tuch   vat   wes   ze

D. Time adverbs can be formed by adding an *-s* to the name of the day or time of day: *jeden Montag = montags; am Morgen = morgens.* Change the underlined expressions to time adverbs.

1.   Udo komt jeden Freitag.
2.   Sabine fährt am Abend nach Hause.
3.   Egon schläft meistens bis zum Mittag.

II. Verbs

The impersonal *es gefällt* means the same as *gern haben*, but the dative case is used for the person affected: *Es gefällt mir* or *Es hat dem Mann nicht gefallen.* In these statements, replace the *gern haben* form with the appropriate form of *gefallen.*

1. Friedel *hat* das Konzert *gern.*
2. Bruno *wird* den Film *gern haben.*
3. Lena *hatte* das Buch nicht *gern.*

III. Structures

In subordinate clauses the verb stands at the end: *Wir hoffen, daß er kommt.* In the perfect and future tenses, the auxiliary forms of *haben, sein, werden* come after the main verb: *Es ist naß, weil es geregnet hat* and *Sie trägt einen Mantel, wenn es kalt sein wird.* Modal auxiliaries stand at the end too: *Ich weiß nicht, ob er hier bleiben kann.* Some of the conjunctions used in subordinate clauses are: *als, bevor, damit, daß, falls, nachdem, ob, obwohl, seit, sobald, während, weil, wenn, wie.* In the following statements, connect the second part with the first by means of a subordinate clause, using the conjunction indicated.

Example: *Ich weiß, sie ist krank = Ich weiß, daß sie krank ist.*

1. Vater sagt, ich bin zu fett. (daß)
2. Hertha weiß, sie sagte es mir. (weil)
3. Martin lachte, weinte er. (bevor)
4. Rita fragt, darf ich gehen? (ob)

10. Fortschritte

I. Vocabulary

A. Name three inventions showing technical progress during recent times by putting one of these three letters into the empty boxes—L D P. All the other letters in each row in front of and behind the completed word can be ignored.

P	R	O	R	A		I	O	N	E	L
U	S	C	O	M		U	T	E	R	A
X	A	R	T	E		E	F	O	N	S

B. *Da-* and *wo-***compounds** are *damit, davon, wovor,* etc. They are formed by *da-* and a *wo-* followed by a preposition. If the preposition begins with a vowel, the consonant *r* is inserted, as in: *darin, darauf* or *woran, worüber,* etc. These compounds are used when the preposition would otherwise be followed by an object or a location.

Examples: *Ich sitze auf dem Sofa / Ich sitze darauf* and *Sie steht vor der Tür: Wovor steht sie?*

Da- and *wo-*compounds can not be used when referring to a person. Thus, one can say *Er spielt mit dem Schiff* or *Er spielt damit,* but only *Er spielt mit dem Baby.* Form sentences using the compounds that refer to the preposition of the preceding sentence.

Examples: *Er spricht über Fortschritte. / Er spricht darüber.* But: *Sie steht hinter dem Mann. / Hinter wem steht sie?*

Use *da-*compounds wherever possible.

1. Hans steht an der Tür. / Er steht _____
2. Wir sahen Ute vor dem Theater / Wir sahen sie _____

92

3. Mein Buch ist in der Aktentasche. / Es ist _____

4. Die Mütze liegt auf dem Tisch. / Sie liegt _____

   (*Watch out for the next one!*)

5. Harald sprach mit seinem Freund. / Er sprach _____

Use *wo*-compounds whenever possible when completing the questions below.

6. Sie schrieb es an die Tafel. / _____ schrieb sie es?

7. Harald geht hinter das Haus. / _____ geht er?

8. Meine Freunde warten vor dem Kino. / _____ warten sie?

9. Bertha spielte mit dem kleinen Otto. / _____ spielte sie?

10. Er stand neben dem Auto. / _____ stand er?

II. Verbs

The verbs in column A do not seem to fit together with the objects in column B. Can you match them better?

A	B
1. Der Bäcker bäckt . . .	a. die Kuh
2. Der Bauer melkt . . .	b. ein Brot
3. Der Schneider näht . . .	c. ein Gedicht
4. Der Maler malt . . .	d. ein Bild
5. Der Dichter schreibt . . .	e. den Anzug
6. Der Schuster repariert . . .	f. das Konzert
7. Die Lehrerin unterrichtet . . .	g. die Schuhe
8. Die Mutter kocht . . .	h. den Bus
9. Die Fahrerin fährt . . .	i. den Brief
10. Die Großmutter liest . . .	j. das Essen
11. Die Dame hört . . .	k. ein Buch
12. Die Sekretärin schreibt . . .	l. die Klasse

III. Structures

A. Prepositions are followed by either the accusative or dative. They are used with the accusative when they indicate a change, with dative when they indicate a location in space or time.

Example: *Er geht an die Tafel* and *Er steht an der Tafel.*

These prepositions are: *an, auf, hinter, in, neben, über, unter, vor, zwischen.* Complete each statement with the appropriate form of the noun indicated in parentheses.

1. Franz legt das Buch auf _____ . (der Tisch)
2. Das Buch liegt auf _____ . (der Tisch)
3. Wir fuhren in _____ . (die Stadt)
4. Wir sind jetzt in _____ . (die Stadt)
5. Ihr Schuh fällt unter _____ . (das Sofa)
6. Ihr Schuh war unter _____ . (das Sofa)

B. Coordinate conjunctions are followed by normal word order.

Example: *Luise ist klein, aber sie ißt viel.*

Coordinate conjunctions are: *und, aber, oder.* Connect the two sentences with the conjunctions indicated.

1. Harald liebt Musik. Er singt oft.   (und)
2. Es ist Sommer. Es ist kalt.   (aber)
3. Wir spielen Fußball. Wir turnen.   (oder)

11. Vor der Garage

I. Vocabulary

Complete this crossword puzzle by filling in the German equivalents of the words below.

	Across		**Down**
1.	street	6.	drive
2.	brother	7.	car
3.	mother	8.	window
4.	house	9.	Saturday
5.	garage	10.	father

(To start you off, the word *Samstag* has already been filled in.)

II. Verbs

Separable prefixes of some verbs are *ein-, heraus-, hin-, hinein-, mit-, zurück,* etc. They are placed at the end of main clauses in the present and past tense (*er steht bald auf*), but not separate from the main verb in subordinate clauses (*Es war 8 Uhr, als er aufstand*). In the other tenses, they are not separated either (*Er wird aufstehen. Er ist aufgestanden*). Fill in the correct forms of the verbs indicated in these statements.

1. Hans ＿＿＿＿＿ gern ＿＿＿＿＿ . (mitfahren: present)
2. Willi ＿＿＿＿＿ nicht ＿＿＿＿＿ . (mitfahren: past)
3. Mutter ＿＿＿＿＿ aus dem Fenster ＿＿＿＿＿ . (heraussehen: present)
4. Wir ＿＿＿＿＿ gestern ＿＿＿＿＿ . (zurückkommen: pres. perfect)
5. Die Kinder dürfen ＿＿＿＿＿ . (einsteigen: present)

III. Structures

A. Inverted word order (the verb before the subject) is required when any element of a main clause stands before the subject. (*Er ist hier. Heute ist er hier.*) Such elements may refer to time or location or be placed in front of the subject for emphasis, as in: *In Berlin wohnt meine Tante* or *Den Kuchen mögen wir gern.* Change the following sentences so that the underlined element is in front of the subject.

1. Ilse war <u>gestern</u> nicht in der Schule.
2. Wir wohnen schon lange nicht mehr <u>in Berlin</u>.
3. Otto mag <u>den Kuchen</u> nicht gerne.
4. Ich gebe das Buch <u>meinem Vetter</u>.
5. Klara singt <u>manchmal</u> im Theater.

B. Unscramble the words to form a sentence in German.

1. viele / hat / unser / Fenster / Haus.
2. gewesen / mit / Anna / Disko / gestern im / Frank / ist.
3. den / gesehen / ihr / Film / habt / neuen?
4. herunter / kam / Treppe / Ingrid / die./

5. Zirkus / wollte / meine / in / nicht / gehen / den / Mutter.

C. The gender of a pronoun must be the same as the noun it refers to: *Da ist der Hut. Er liegt auf dem Tisch.* Or *Ich sehe das Auto nicht, wo ist es?* It also must agree with the number: *Die Kinder sind nicht zuhause. Die sind draußen.* Substitute the underlined noun forms with the appropriate pronouns.

1. Mutter hat viel im Hause zu tun.
2. Onkel Karl lebt in San Franzisko.
3. Meine Großeltern besuchen uns oft.
4. Gibst du das Radio deinem Bruder?
5. Wo hast du die Schuhe gekauft?
6. Die Blumen sind für unsere Lehrerin.
7. Gretchen wartete auf die Freundin.
8. Wilhelm sah den Film im Kino.
9. Ihr werdet das Baby bald hören.
10. Sie haben es den Leuten gesagt.

D. The words below are in code. Each letter has been substituted for another letter. When you have discovered the actual letters of one word, apply the same letters to help decode other words. To start you off, the first four words have been decoded.

GESTERN TRAF ICH MEINEN _____
B X W A X F C A F D G H J K P X H C X C

_____
G F X Q C R H P J D G X . X F W O H X M A X

_____
W J K D J K P H A W X H C X P K Q C R .

_____
W S M J K X H C X C W J K M D Q X C

_____
K Q C R K D T X H J K C S J K C H X

97

BXWXKXC, WDBAX HJK. CHJKA

WS WJKMDQ, WDBAX PXHC

GFXQCR. USC RFXH WOHXMXC

PHA HKP KDTX HJK WJKSC

IYXH BXYSCCXC.

12. In der Küche

I. Vocabulary

A. The drawings below show items put on the table before a meal. Find the German words for them by unscrambling all the letters. Then add the proper form of the definite article to them.

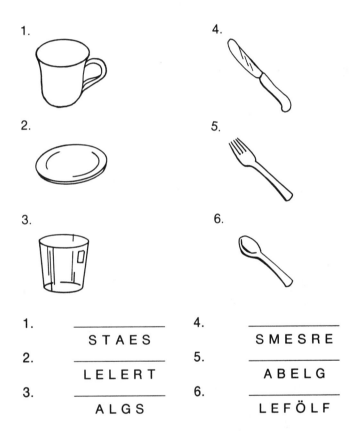

1.
2.
3.
4.
5.
6.

1. _____   4. _____
   S T A E S   S M E S R E
2. _____   5. _____
   L E L E R T   A B E L G
3. _____   6. _____
   A L G S   L E F Ö L F

B. *Was für ein?* stands for *what kind of?* Fill in this expression with the correct *ein* word ending.

1. Er fragte mich, _____ Frau sie war.
2. _____ schönes Museum das ist!
3. _____ Tabak rauchst du gern?

99

II. Verbs

A. Inseparable prefixes of some verbs are: *be-, emp-, ent-, er-, ge-, ver-, zer-*. Fill in the appropriate form of the verb indicated in these sentences.

1. Willie hat ein Taxi _____ (bestellen)
2. Der Hund ist gestern _____ (entlaufen)
3. Hast du es schon _____ ? (erfahren)
4. Es wird morgen _____ (geschehen)
5. Mein Freund hatte es _____ (versprechen)
6. _____ das Buch nicht! (zerreißen)

B. Match the lines in column A with the verb forms in column B for this old German proverb.

A	B
1. Der Frühling	a. geben
_____	b. erfreut
2. Der Sommer	c. leben
_____	d. erneut
3. Der Herbst wird	
_____	
4. Im Winter zu	
_____	

III. Structures

A. Subordinate clauses appearing before main clauses also require subordinated word order: *Wenn du morgen kommst, . . .* The following main clause has inverted word order: *. . . , bin ich zuhause.* Change the clauses in parentheses to the appropriate word order.

1. Als meine Tante nach Hamburg fuhr, (ich war in Nürnberg).
2. Bevor (Oskar ging zum Kegeln), kam er zum Essen nach Hause.
3. Falls (die Sonne scheint Mittwoch), machen wir eine Tour in die Alpen.
4. Obwohl Franz noch jung war, (er hatte Symphonie-Musik schon gern).
5. Weil (Bernhard ist krank), muß er ins Krankenhaus gehen.

B. Write the time shown in each of the clocks in German.

1.

```
5:00
```

2.

```
8:30
```

3.

```
1:45
```

4.

```
10:55
```

5.

```
6:15
```

6.

```
3:22
```

C. German adverbs have no endings. (*Dagmar ist ein schönes Mädchen: Sie singt schön.*) From the sentences in a) derive the adverbs for b).

1. a) Das ist ein gutes Abendessen.
   b) Es schmeckt _____ .

2. a) Ursula ist die lustigere Schwester.
   b) Sie spricht _____ .

3. a) Ich war eine lange Zeit in Bonn.
   b) Ich wartete _____ .

4. a) Ferdi ist ein schnellerer Arbeiter.
   b) Er arbeitet _____ .

13. Überraschungen

I. Vocabulary

A. Ordinal numbers are formed by adding a *-t* plus the appropriate ending to the numbers from *zwei* to *neunzehn,* and an *-st* to subsequent ones. Exceptions are: 1 = *der erste,* 3 = *der dritte,* 7 = *der siebte,* 8 = *der achte.* Spell out the following ordinal numbers.

1. Das 1. Kapitel
2. Ihr 2. Mann
3. Sein 3. Geburtstag
4. Zum 4. Mal
5. Am 7. Juni
6. Ihr 8. Kind
7. Die 10. Seite
8. Am 18. Februar
9. Das 20. Konzert
10. Im 133. Jahr

B. Word division at the end of written lines is done by syllables (*Geburtstag = Ge-/ burts-/ tag.*) A *ck* when separated becomes *k-/k;* a double *s* is separated *s-/s.* Divide these words.

1. Vater
2. Socke
3. Wasser
4. Hausarbeit
5. Autoschlüssel
6. Geburtstag

C. Ten words with *W* as their first letter can be found if you know the equivalents for the words given beside the boxes.

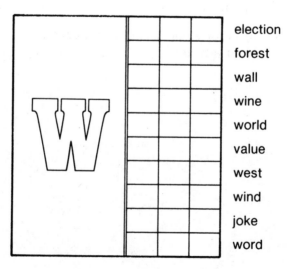

election

forest

wall

wine

world

value

west

wind

joke

word

II. Verbs

A. A replacement for *Fragen stellen* is *fragen*. Replace the following verbal expressions with a similar one-word verb.

1. Antworten geben
2. Bitten aussprechen
3. Übungen machen

B. Complete the joke by selecting items from column B to fill in the blanks in column A.

A	B
Ein Mann ist erfolgreich, wenn	a. gefunden
er mehr Geld ____1____	b. ausgeben
als seine Frau ____2____	c. verdient
kann. Eine Frau ist erfolgreich,	
wenn sie einen solchen	
Mann ____3____ hat.	

III. Structures

A. Relative pronouns are *der, die, das* in all their cases, occasionally substituted by forms of *welcher.*

Examples: *Das Buch, das du gelesen hast; die Kinder, die hier wohnen; der Mann, welchen du kennst.*

All relative pronouns introduce a subordinate clause. The *der, die, das* case forms are the same as those of the identical articles, except in the genitive (*dessen, deren, dessen; deren*) and dative plurals (*denen*).

Fill in the correct forms of the relative pronoun in the case indicated in parentheses.

1. Der Student, _____ aus Frankfurt kommt. (nominative)
2. Die Lehrerin, _____ Sohn ich kenne. (genitive)
3. Die Kühe, _____ er das Heu gab. (dative)
4. Der Busfahrer, _____ ich fragte. (accusative)
5. Das Mädchen, _____ Vater er ist. (genitive)

B. **Wer** and **was** can also be used as relative pronouns. (*Wer das ist, weiß ich nicht* and *Das ist etwas, was sie nötig hat*.) *Wer* is declined like *der* and is used relative to people, *was* refers to things. In these sentences, fill in the appropriate form of *wer* or *was* in the cases indicated.

    1. Ich weiß nicht, . . . in diesem Hause wohnt. (nominative)
    2. Es war nichts, . . . er gewußt hatte. (accusative)
    3. . . . Tochter sie war, ist nicht bekannt. (genitive)
    4. Das ist das Beste, . . . ich gehört habe. (nominative)
    5. Er ahnte, . . . das Geld gehörte. (dative)

C. **Say** this tongue twister quickly after you have discovered the words from the coded letters. They all begin with an "F," and the first word has already been filled in. Each number always represents the same letter.

```
F  I  S  C  H  E  R  S    F  _  _  _  _      F  _  _  _  _  _
   1  2  3  4  5  6  2       6  1  7  8         1  2  3  4  7
F  _  _  _  _  _          F  _  _  _  _  _
   6  1  2  3  4  5          1  2  3  4  5
```

14. Am Telefon

I. Vocabulary

A. Complete this crossword puzzle by filling in the German equivalents of the words given below.

Across	Down
1. today	6. pizza
2. bank	7. man
3. Friday	8. corner
4. office	9. telephone
5. millionaire	10. empty

(To start you off, the word *Telefon* has already been filled in.)

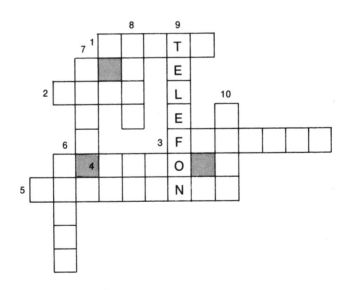

B. Ten words with *H* as their first letter can be found if you know the equivalents of the words given beside the boxes.

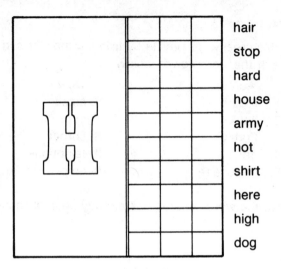

hair

stop

hard

house

army

hot

shirt

here

high

dog

II. Verbs

A. Verbs can be changed to nouns by capitalizing them. Their gender is always neuter with all the corresponding articles and case endings. (*Das Waschen* thus means "the washing.") Use the correct noun forms, derived from the verbs in parentheses, in these sentences:

1. Ich komme heute nicht zum ＿＿＿＿＿＿ (essen).
2. Denke heute nicht aus ＿＿＿＿＿＿ (kochen).
3. Das ＿＿＿＿＿＿ im Theater was schön. (singen)
4. Sie warten auf das ＿＿＿＿＿＿ . (tanzen)
5. Vater geht donnerstags zum ＿＿＿＿＿＿ . (kegeln)
6. Regine kam wegen des ＿＿＿＿＿＿ zu uns. (singen)

B. *Laβ(e) uns* and *laβt uns* (let us) expresses a suggestion or wish. Fill in the phrase that fits into these sentences.

1. Ulrike, ＿＿＿＿＿＿ ins Theater gehen!
2. Hans und Jürgen, ＿＿＿＿＿＿ alle Fuβball spielen!

III. Structures

A. Complete each segment in column A with the one that fits best in column B.

	A		**B**
1.	Sie sind gestern	a.	mit dem Arbeiten.
2.	Ernst ist noch	b.	Kristian geheiratet?
	nicht fertig	c.	im Restaurant gewesen.
3.	Tilde hat keine Zeit	d.	um die Ecke.
4.	Warum hat sie nicht	e.	ans Kochen zu denken.
5.	Der Supermarkt ist		

B. These missing words may be used to complete the following story. You can also use words of your own choice if you think they make sense. You may even come up with a better or funnier story of your own!

zeigte / Jagen / letzte / Fang / Berlin / fahre / Maus / besuchen / Sammlung / Vater

Mein _____1_____ wohnt in _____2_____ .
Ich _____3_____ oft dahin, um ihn zu _____4_____ .
Sein Hobby ist _____5_____ . Das _____6_____ Mal,
als ich bei ihm war, _____7_____ er mir seine
_____8_____ . "Das war mein größter
_____9_____ ", sagte er. Aber es war nur eine
_____10_____ .

15. Im Restaurant

I. Vocabulary

A. **Ten words with *D*** as their first letter can be found if you know the equivalents of the words given beside the boxes.

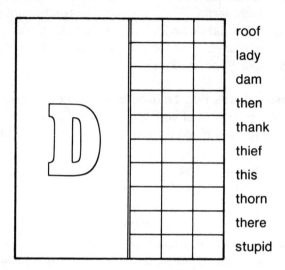

roof

lady

dam

then

thank

thief

this

thorn

there

stupid

B. Find the word that does NOT fit in the group.

1. Tomate, Salz, Auto, Käse, Muscheln
2. Reise, Schiff, Flug, Computer, Zoll
3. Klasse, Erdkunde, Prüfung, Zwiebeln, Professor
4. Türe, Passagier, Fenster, Dach, Keller
5. Elefant, Brot, Supermarkt, Gemüse, Kartoffeln

C. *gar* expresses intensity standing alone or in combinations like *garkein, garnicht,* etc. Put emphasis on these words by adding *gar.*

1. Ich habe ＿＿＿＿＿＿＿ kein Geld.
2. Stefan will ＿＿＿＿＿＿＿ nicht Käthe besuchen.
3. Es ist ＿＿＿＿＿＿＿ nichts zum Essen da.
4. Wird sie ＿＿＿＿＿＿＿ fliegen?

II. Verbs

A. Reflexive verbs refer to the subject: *Ich wasche mich.* They use the accusative forms of the personal pronouns *mich, dich; uns, euch.* But the third person is *sich* for all genders, singular and plural: *Sie wäscht sich.* Fill in the appropriate accusative pronoun in these sentences with reflexive verbs.

1. Uschi erkundigt _____ über das Wetter.
2. Wir treffen _____ am Bahnhof.
3. Wie fühlst du _____ heute?
4. Meine Eltern entscheiden _____ morgen.

B. Dative forms of the reflexive pronouns are the same as the personal pronoun forms except for *sich* in the third person singular and plural: *Ich kaufe mir einen Hut,* but *Sie können sich nicht vorstellen, was das ist.* Fill in the appropriate dative pronouns.

1. Wolfgang leistet _____ ein neues Auto.
2. Ich kann _____ vorstellen, wer das ist!
3. Ihr müßtdiesen Film ansehen.

C. Modal auxiliaries without an infinitive can be used when the context is clear enough: *Ich muß nach Hause* for *Ich muß nach Hause gehen.* This applies also to *mögen* in the sense of *gern haben*: *Gabi mag Ulrich.* Replace the verb with a modal without using an infinitive.

1. Onkel Fritz will nach Amerika kommen.
2. Dürft ihr morgen ins Kino gehen?
3. Gustaf mag Luise gern.
4. Mein Vetter soll zum Arzt fahren.
5. Heidi mußte plötzlich aus der Klasse gehen.

III. Structures

A. Demonstrative pronouns are *der, die, das,* and *dies* in all cases: *Das ist ja wunderbar!* and *Diese sind unsere Kinder.* Replace the underlined words with a demonstrative pronoun.

1. Den Herrn kenne ich schon.
2. Diesem Fahrer gab ich das Geld.
3. Die Mädchen haben lieber einen Tanz.
4. Kristian weiß die ganze Sache schon.
5. Dies Kind hat er nie gesehen.

B. Fill in the blanks in this joke with the appropriate words from the list below.

Als es _____1_____ schneit, _____2_____ ein
Optimist einen _____3_____ . "Hast du _____4_____
am Winter _____5_____ ?" fragt er _____6_____ .
"Doch," _____7_____ der Pessimist. "Wenn er
zu _____8_____ ist, dann _____9_____ er mir
auch _____10_____ gut."

a. ihn   b. drauβen   c. garnichts   d. sehr   e. erwidert
f. Ende   g. besucht   h. gern   i. Pessimist   j. gefällt

16. Eine Beschwerde

I. Vocabulary

A. Ten words with *G* as their first letter can be found if you know the equivalents of the words given beside the boxes.

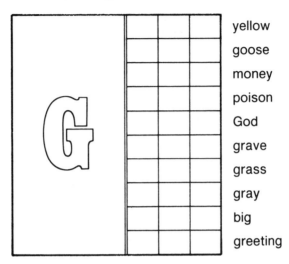

yellow

goose

money

poison

God

grave

grass

gray

big

greeting

B. The plural of *Wort* is *Wörter*, if individual words are meant. The other plural form, *Worte*, is applied when words are used in a speech (*Er gebrauchte große Worte*) and in more formal situations. Decide which of the two plurals fits best.

    1. Dies waren seine letzten _____ .

    2. "Hamburger" und "Jeans" sind amerikanische _____ im Deutschen.

C. Diminutives are usually formed by the suffixes *-lein* or *-chen*, such as *Fräulein* from *Frau* and *Karlchen* from *Karl*. All diminutive words are neuter in gender. Make diminutives from these words.

    1. Mann   4. Hund

    2. Haus   5. Teller

    3. Stück   6. Maid (change *ai* to *ä*)

II. Verbs

A. The infinitive with *zu* can be used as an object after the prepositions *anstatt, ohne,* and *um.* (*Er war da, ohne Anna zu sehen.*) Complete the statements from column A with a suitable verb from column B.

A	B
1. Christa fuhr nach Boston, anstatt hier _____ .	a. zu sehen
	b. zu bleiben
2. Wir können das Lied, ohne den Text _____ .	c. zu sagen
	d. zu lesen
3. Sieghard kam, um das neue Auto _____ .	
4. Ohne etwas _____ , ging sie nach Hause.	

B. The infinitive without *zu* is used in connection with some other verbs, like *helfen, sehen, hören, lassen.* (*Ich helfe ihm arbeiten.*) Complete the statements from column A with a suitable verb from column B.

A	B
1. Regine lässt das Baby _____ .	a. fliegen
	b. schlafen
2. Hörst du die Flugzeuge _____ ?	c. backen
	d. kommen
3. Wir sehen den Ober _____ .	
4. Warum hilft er dir nicht _____ ?	

C. *Brauchen* has a different meaning from "to use" when it is applied in a negative sense with another infinitive: *Du brauchst nicht kommen* = You need not come. *zu* can also be added to the infinitive: *Ihr braucht nicht zu singen.* Apply the correct form of *brauchen* in these sentences.

1. Sie ＿＿＿＿＿＿ nicht lange warten.
2. Wenn er kommt, ＿＿＿＿＿＿ du nicht aufstehen.
3. Sonntags ＿＿＿＿＿＿ wir nicht zur Schule gehen.
4. Mein Groβvater ＿＿＿＿＿＿ nicht mehr arbeiten.
5. Wir ＿＿＿＿＿＿ es nicht zu sehen.
6. Uschi ＿＿＿＿＿＿ nicht alles aufzuessen.

(Note that in verbs with separable prefixes like *aufessen* the *zu* goes between the prefix and main verb; the whole infinitive then becomes one word.)

III. Structures

Complete the following story by filling in each blank with the appropriate sentence from the list below.

Ein Deutscher war zum ersten Mal in England.

1. ＿＿＿＿＿＿＿＿＿＿＿＿＿＿＿＿＿＿＿＿＿

Am ersten Tag im Hotel bestellte er sich ein Beef-Steak.

2. ＿＿＿＿＿＿＿＿＿＿＿＿＿＿＿＿＿＿＿＿＿

Als es immer später wurde, rief er ungeduldig den Ober.

3. ＿＿＿＿＿＿＿＿＿＿＿＿＿＿＿＿＿＿＿＿＿

"Never, I hope!" lachte der Ober.

4. ＿＿＿＿＿＿＿＿＿＿＿＿＿＿＿＿＿＿＿＿＿

Er hatte geglaubt, daβ *bekommen* auf englisch "to become" heiβt.

Here are the four sentences missing in the story.

a. "When do I become a beef steak?" fragte er.
b. Der Deutsche verstand ihn nicht.
c. Aber er muβte lange auf sein Essen warten.
d. Sein Englisch war noch nicht sehr gut.

17. Im Café

A. Match the antonyms in columns A and B.

A		B	
1.	Land	a.	schlecht
2.	gestern	b.	Neffe
3.	warm	c.	heute
4.	Patenonkel	d.	kalt
5.	spät	e.	Glück
6.	Pech	f.	früh
7.	lang	g.	Patentante
8.	Dame	h.	Stadt
9.	gut	i.	kurz
10.	Nichte	k.	Herr
11.	geben	l.	zuletzt
12.	richtig	m.	suchen
13.	teuer	n.	alt
14.	stehen	o.	falsch
15.	neu	p.	billig
16.	finden	q.	nehmen
17.	Sommer	r.	viel
18.	wenig	s.	liegen
19.	kommen	t.	Winter
20.	zuerst	u.	gehen

B. **Adding one letter** at the beginning of each of these words makes it a different word. The equivalents are given in parentheses.

1. —E I N (wine)
2. —A H N E (flag)
3. —E R D E (herd)
4. —R E I S (circle)
5. —E I L E (mile)
6. —S T E R N (Easter)
7. —T I E R (steer)
8. —R A U M (dream)
9. —O R T (word)
10. —I M M E R (room)

114

II. Verbs

A. Some verbs that take the accusative in English use the dative in German. These are: *antworten, begegnen, danken, dienen, drohen, fehlen, folgen, gefallen, gehören, gelingen, genügen, glauben, glücken, helfen, raten, vertrauen. (Er begegnete mir.)* Complete the sentence in column A with the words from column B in their correct dative case.

A	B
1. Klaus gibt _____ ein Geschenk.	das Kind
	ich
2. Es gefällt _____ gut.	die Dame
3. Sie dankten _____ sehr.	wir
	mein Vater
4. Das fehlte _____ wirklich.	Sie
	die Leute
5. Dieser Hut gehört _____ .	der Inspektor
6. Kann ich _____ helfen?	er
7. Es gelang _____ nicht.	die Frau
8. Olga begegnete _____ .	sie
9. Warum antwortest du _____ nicht?	du
	der Fahrer
10. Er hat _____ gedroht.	das Fräulein
11. Bist du _____ gefolgt?	eure Tochter
12. Genügt _____ das nicht?	dieser Mann
	kein guter Zweck
13. Das glauben wir _____ nicht.	
14. Es glückte _____ .	
15. Ich rate es _____ nicht.	
16. Vertraut ihr _____ ?	
17. Das dient _____ .	

B. *Werden* as a full verb means "to become." Its past participle then is *geworden*. Fill in the correct form of *werden* in these statements.

1. Drauβen _____ es kalt. (present tense)
2. Es _____ kalt _____ . (past tense)
3. Wann _____ ich endlich klüger werden? (future)

III. Structures

This word group is in code. Each letter in these words has been substituted. When you have discovered the actual letters of one word, apply the same letters to help decode other words, since each code letter represents the identical letter in all the other words. To start you off, three of the words have been decoded. Be patient and you will succeed.

<u>L U I S E</u>   <u>T R I F F T</u>   <u>M A X</u>   __ __   __ __ __ __ __ __
E P X C Y   A S X I I A   F D O   X T   Y X T Y F

__ __ __ __ .   __ __ __   __ __ __ __ __   __ __ __ __ __ __ __ __ __
Q D I Y .   C X Y   G D Z Y T   Y S K Z Y Y S Y X C .

__ __ __   __ __ __ __   __ __ __ __ __   __ __ __   __ __ __ __ __ __ __
F D O   U X Z A   E P X C Y   Y X T   W E Y X T Y C

__ __ __ __ __   __ __ __   __ __ __ __ __ __   __ __   __ __ __
J D W Y A .   C X Y   H I I T Y A   Y C   P T K

__ __ __ __ __ __   __ __ __ __ __   __ __ __ __   __ __ __ __ __
I X T K Y A   Y X T Y T   S X T U   K D S X T .

__ __ __   __ __   __ __ __   __ __ __ __   __ __ __ __ __
X C A   Y S   I R S   F X Q G ,   I S D U A

__ __ __ __ __   __ __   __ __ __ __ __   __ __ __   __ __ __ __ __
E P X C Y .   L D ,   T X Q G A   I R S   F Y X T Y

__ __ __ __ __   __ __ __ __   __ __ __ __   __ __ __
A D T A Y   D T T D ,   C D U A   F D O .

18. Mittagspause

I. Vocabulary

A. The reversed pyramid below contains a few items that have something to do with a hamburger and coffee. Fill in the words whose equivalents are: a. hamburger b. onions c. tomatoes d. coffee e. milk f. salt

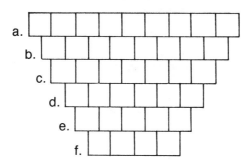

B. Adjective compounds are formed by placing another word before the adjective. *vitaminreich* means *reich an Vitaminen.* Form adjective compounds from the words in both columns.

A	B
1. Garten	a. voll
2. halb	b. reich
3. Wunder	c. frisch
4. Vitamin	d. roh

C. The interchangeable words *selbst* or *selber* refer to persons, meaning *-self* or *-selves.* In the meaning of *sogar,* only *selbst* is used, not *selber.* (*Selbst ich weiß es* = Even I know it.) Use *selbst* or *selber* in these sentences.

1. Ich kann das _____ tun.
2. Meine Eltern werden _____ kommen.
3. Sie weiß alles _____ .

D. *Derselbe* means *the same*. It is declined in all three genders as a *der*-word. Its forms can be written in one word (*dieselbe, dasselbe, dieselben*, etc.) or can be separated (*die selbe, den selben*, etc.). Use a suitable form of *derselbe* or *der selbe* in these sentences.

1. Für Otto ist alles _____ .
2. Erna kennt _____ .
3. Frag micht nicht immer _____ !
4. Ihr habt das _____ Auto wie wir.
5. Mein Freund hat die _____ Bücher gern.

II. Verbs

A. Some verbs can have two accusatives, for instance: *kosten, nennen, fragen.*

Example: *Das kostete seinen Vater viel Geld.*

Complete the statement in column A with the two-word items in column B by putting both into the accusative form.

A	B
1. Sie fragte . . .	er / sein Name
2. Das lehrte . . .	der Junge / eine Lektion
3. Es kostete . . .	die Dame / viel Zeit
4. Hilde nannte . . .	das Baby / ein Dummkopf

B. Different prefixes can change the meaning of a verb completely: *Er kommt. / Es kann vorkommen* (It can happen). Within the following verb groups, match each verb in column A with its equivalent in column B.

	A		B
a.	1. halten	a.	to stay
	2. anhalten	b.	to hold
	3. durchhalten	c.	to stop
	4. (sich) aufhalten	d.	to hold out
b.	1. kommen	a.	to return
	2. ankommen	b.	to happen
	3. vorkommen	c.	to come
	4. wiederkommen	d.	to arrive

c. 1.	sehen	a.	to watch
2.	ansehen	b.	to appear as if
3.	aussehen, als ob	c.	to see
4.	zusehen	d.	to look at
d. 1.	geben	a.	to admit
2.	zugeben	b.	to pretend
3.	ausgeben	c.	to give
4.	vorgeben	d.	to spend
e. 1.	stehen	a.	to stand up (for)
2.	aufstehen	b.	to be in charge of
3.	einstehen (für)	c.	to get up
4.	vorstehen	d.	to stand
f. 1.	machen	a.	to deceive
2.	mitmachen	b.	to make
3.	vormachen	c.	to close
4.	zumachen	d.	to participate

III. Structures

Tenses and word order are reviewed in the following exercises. The italicized strong verbs, all used in the present tense, are intransitive and express changes in place or condition.

1. Ellen *kommt* zu uns zu Besuch.
2. Ihr *lauft* die Treppe herauf.
3. Sie *fahren* ins Gebirge.
4. Wir *rennen* die Berge hinunter.
5. Dann *fliegt* er nach Ulm.

A. Change the above verb forms to past tense.

B. Change the same verb forms to present perfect.

C. Change them to future tense.

(Remember that in the present perfect the past participles move to the end of the clause and that in the future tense the infinitive does the same.)

119

19. Auf dem Bankett

I. Vocabulary

This word group is in code. Each letter in these words has been substituted. When you have discovered the actual letters of one word, apply the same letters to help decode the other words. To start you off, one of the words has been decoded: VANILLE.

1. V A N I L L E _____

2. X R A B I I M

   _____

3. D F K N O N I R U M

   _____

4. M S U T M M S

   _____

5. V W B S D B F K

   _____

   Y R I R E R

B. Identify the places in which you might find the objects in column A by matching them with the places in column B. (There may be several possibilities.)

A	B
1. Abendessen	a. Schlafzimmer
2. Kleid	b. Café
3. Zwiebeln	c. Turnhalle
4. Bett	d. Gemüsegarten
5. Waage	e. Bankett
6. Türe	f. Kaufhaus
7. Bratwurst	g. Wohnzimmer
8. Kaffee	h. Haus
9. Zeitung	i. Restaurant
10. Nachtisch	j. Küche

C. *Drei mal* and *dreimal* have the same meaning. *Mal* in expressions like *zum ersten Mal* or *ein anderes Mal* is used as a noun and, therefore, is capitalized. Give the German equivalent of these expressions.

1. five times
2. for the second time
3. this time
4. the last time

II. Verbs

A. Present participles are formed by adding a -*d* to the infinitive: *lachend.* They are often used to indicate an action taking place simultaneously with another: *Sie kam weinend nach Hause.* Used in this way as an adverb, it has no ending. Form the present participle from the verb given in parentheses.

1. Bettina ging _____ ins Haus. (singen)
2. Wir blieben _____ im Zimmer. (warten)

B. When the present participle is used as an adjective, it takes an adjective ending: *Der rauchende Mann.* Form the correct present participle of the following:

1. Erich sprang aus dem _____ Auto. (fahren)
2. Annerose nimmt das _____ Wasser vom Herd. (kochen)

III. Structures

Change the underlined modal verbs, used in present tense, to:

A. past tense
B. future tense

1. Erika <u>kann</u> gut Auto fahren.
2. Wir <u>müssen</u> alle das Konzert besuchen.
3. <u>Darfst</u> du mit Marie spielen?
4. Meine Freunde <u>wollen</u> zum Fußball gehen.

20. Gemüse, Obst und Pizza

I. Vocabulary

A. Complete this crossword puzzle with the following words:

Across	Down
1. bananas	5. spinach
2. grapes	6. red cabbage
3. beans	7. pears
4. fruit	

(To start you off, *Spinat* has already been filled in.)

B. Fractions have cardinal numbers as their numerator and *das*-nouns as their denominator, which are formed by adding *-tel* to the numbers from 4 to 19 (*Viertel*). However, $\frac{1}{2}$ is *ein halb,* $\frac{1}{3}$ is *ein Drittel,* and $\frac{1}{7}$ is *ein Siebtel.* The denominators from 20th on have a *-stel* ending (*Zwanzigstel*). Write the following fractions:

a. $\frac{1}{5}$

b. $\frac{3}{7}$

c. $2\frac{1}{8}$

d. $\frac{35}{3}$

e. $\frac{1}{2}$ Pfund

f. $\frac{3}{4}$ Liter

g. $\frac{1}{25}$

h. $\frac{3}{100}$

II. Verbs

Vowel changes in present tense occur with a few strong verbs in the second and third person singular. Changes to *-i* occur with *geben, sprechen, nehmen* (*gibst/gibt*), which also change their singular imperative form: *gib, sprich, nimm.* In verbs like *sehen* und *lesen*, the changes occur to *-ie* in the same cases. *fahren* changes to *-ä* in the same two present tense persons and *laufen* to *-äu*, but there is no vowel change in their imperatives. Change the underlined forms in column A to the forms required in column B.

	A		B
1.	Ich gebe ihr die Pizza.	a.	Die Verkäuferin . . .
		b.	Du . . .
		c.	(Imperative sing.)
2.	Wir sprechen mit Otto.	a.	Du . . .
		b.	Karl . . .
		c.	(Imperative sing.)
3.	Sie nehmen das Auto.	a.	Irene . . .
		b.	(Imperative sing.)
		c.	Du . . .
4.	Sehen Sie das Kind?	a.	. . . du . . . ?
		b.	. . . Axel . . . ?
		c.	(Imperative sing.)
5.	Ich lese das Programm.	a.	(Imperative sing.)
		b.	Du . . .
		c.	Sofie . . .
6.	Wir fahren nach Rom.	a.	Udo . . .
		b.	(Imperative sing.)
		c.	Du . . .
7.	Die Kleinen laufen weit.	a.	Erika . . .
		b.	Du . . .
		c.	(Imperative sing.)

III. Structures

Each of the three groups of strong verbs has the same vowel sequence for infinitive, past tense, and past participle. In *fallen, lassen,* and *raten* the sequence is *a - ie - a (fallen, fiel, gefallen).* In *sprechen, sterben,* and *treffen* the sequence is *e - a - o*; and in *bleiben, schreiben,* and *steigen* it is *ei - ie - ie.* Change the following sentences to the:

A. past tense
B. present perfect
C. future tense

1. Anna *schreibt* an Rolf.
2. Viele Blätter *fallen* auf die Erde.
3. Manche Leute *sterben* früh.
4. Wir *lassen* das Kind zuhause.
5. Sonntag *treffe* ich Albert.
6. Das *rate* ich dir.
7. Sie *sprechen* über den Film.
8. Rudi *steigt* auf den Berg.
9. Wir *bleiben* nicht lange hier.

21. Dreimal Kaugummi

I. Vocabulary

A. These words are in code. Each letter in these words has been substituted. When you have discovered the actual letters of one word, apply the same letters to help decode the other words.

Heinz, Bernd und Erna sind vom _____1_____ in

den _____2_____ gekommen. Sie

wollen _____3_____ haben. Der alte _____4_____ muß

dreimal auf die _____5_____ steigen. Er braucht heute

keine _____6_____ mehr zu machen.

1. Z Y X W U T S R T Q U X

2. P R W U X

3. Z R N S N L L Y

4. M U T Z B N C U T

5. P U Y Q U T

6. S D L X R E Q Y Z

B. Find the word that does NOT fit in the group.
1. Kaugummi, Malaga-Eis, Nachtisch, Leute, Schokolade.
2. Verkäufer, Geschäft, Kaufhaus, Laden, Krankheit.
3. Fahrt, Auto, Thunfisch, Flug, Garage.
4. Spinat, Kartoffel, Sauerkraut, Eis, Rotkohl.
5. Schlange, Uhr, Elefant, Tiger, Löwe.

II. Verbs

A. These verb forms are missing in the little joke below: *a. brauche, b. antwortete, c. wissen, d. arbeiten, e. werden, f. drucke.* Put them back into the right place.

"Was willst du einmal _____1_____?" fragte die
Lehrerin das kleine Maxchen.
"Drucker," _____2_____ er. "Weshalb?" wollte die
Lehrerin _____3_____. "Dann ____4____ ich mir
ganz viel Geld und _____5_____ nicht ____6____,"
erwiderte Maxchen.

B. Match the verbs in column A with their synonyms in column B.

A	B
1. wissen	a. klettern
2. antworten	b. nötig haben
3. steigen	c. lehren
4. brauchen	d. öffnen
5. sagen	e. genügen
6. aufmachen	f. kennen
7. genug sein	g. erwidern
8. unterrichten	h. sprechen

III. Structures

A. *Derselbe* and *derjenige* can be written as one word, but both parts take case endings: *denselben, diejenige.* Replace the underlined article with the correct form of *derselbe* or *diejenige.*

1. Das ist <u>der</u> Mantel, den du hast.
2. <u>Die</u> Bücher gehören meinem Vater.
3. <u>Der</u>, der mich kennt, weiß es genau.
4. <u>Denen</u>, die mir nicht glauben, sage ich nichts.

B. Select the correct response to each statement.

1. Maxi und Bruni gehen noch in _____ .
   a. das Kino   b. den Kindergarten
   c. den Ozean
2. Kurt ging _____ zum Großvater.
   a. im Wasser   b. morgen
   c. mit mir

3. Gestern war das Wetter hier _____ .
   a. wunderbar   b. dumm
   c. nicht wahr
4. Meine Freundin hat ein neues _____ .
   a. Leiter   b. Drucker   c. Kleid
5. Nächstes Jahr fliegen wir _____ .
   a. aufs Haus   b. nach Paris
   c. an die See

C. This is a letter drop! From the upper three rows, "drop" the letters into the three rows below to discover a German proverb. The letters appear in a different sequence in the lower rows. The words are separated by black squares. Four words have already been "dropped" to help you get a start. (Once you have used a letter, cross it out in the upper rows.)

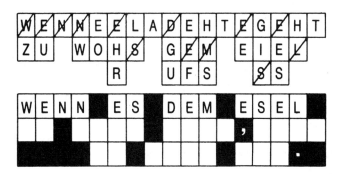

22. Beim Friseur

I. Vocabulary

A. Complete the crossword puzzle with the German equivalents of the words below.

Across	Down
1. mouth	6. chin
2. face	7. eye
3. lip	8. hair
4. nose	
5. ear	

B. Complete each statement with the appropriate word from column B.

A	**B**
1. Wir sehen mit den _____ .	a. Ohren
2. Wir riechen mit der _____ .	b. Mund
	c. Augen
3. Wir hören mit den _____ .	d. Nase
4. Wir kämmen unsere _____ .	e. Haare
5. Wir essen mit dem _____ .	

II. Verbs

A. Compound verbs can become nouns by adding a noun to a verb; their gender always is neuter, as in *das Haarschneiden*. Change these verbs into nouns.

1. backen / Kuchen
2. singen / Lieder
3. essen / Wurst
4. putzen / Schuhe
5. lesen / Bücher
6. fahren / Auto

B. Unscramble the verbs on the left, which are the German equivalents of the verbs on the right.

1. SEINERRA   to shave
2. SENSAL   to let
3. EBÄFRN   to dye
4. NEDNEICHS   to cut

III. Structures

A. *Lassen* may be used with a dependent infinitive, as in *Er will sich das Haar schneiden lassen*. Put the correct form of *lassen* into these sentences.

1. Wir _____ unser Auto waschen.
2. Ella _____ sich ihr Radio reparieren.
3. Warum _____ ihr nicht die Kinder spielen?
4. Die Freunde _____ mich in ihr Haus kommen.

B. *Wissen* also can be used with a dependent infinitive. Put the correct form of *wissen* into these sentences.

1. Er _____ nichts zu sagen.
2. Brigitte und Ulla _____ nicht sich zu benehmen.
3. Sie hatten nichts zu antworten _____ .
4. Heiner wird gut _____ ihn zu ermuntern.

129

C. Complete the statements under **A** with a logical statement under **B,** one that expresses a reason for the preceding statement.

A

1. Wolf kauft sich ein paar Wiener.
2. Ich war gestern beim Friseur.
3. Helga fliegt nach Köln.
4. Wir studieren heute viel.
5. Karl ist sehr müde.

B

a. Er schnitt mir die Haare.
b. Morgen haben wir ein Examen.
c. Er hat lange gearbeitet.
d. Sie besucht ihre Tante Olga.
e. Er hat großen Hunger.

23. In der Reinigung

I. Vocabulary

A. How many articles of clothing can you identify? (The number of letters in each of the words is indicated in parentheses.) Add the correct definite article to each noun.

1. _____ (5)
2. _____ (5)
3. _____ (5)
4. _____ (5)
5. _____ (6)
6. _____ (4)
7. _____ (10)
8. _____ (4)
9. _____ (6)
10. _____ (5)

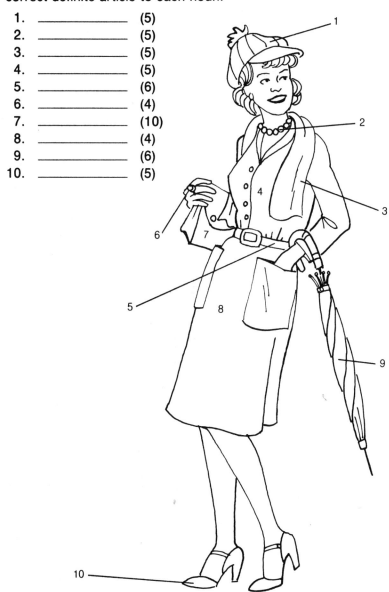

B. How many articles of clothing can you identify? (The number of letters in each word is indicated in parentheses). Add the correct definite article to each noun.

1. _____ (5)
2. _____ (6)
3. _____ (6)
4. _____ (5)
5. _____ (11)
6. _____ (5)
7. _____ (9)
8. _____ (4)
9. _____ (5)
10. _____ (5)

C. These words are in code. Each letter in these words has been substituted. When you have discovered the actual letters of one word, apply the same letters to help decode the other words. To start you off, one of the words has been decoded.

1. <u>S O C K E</u>   5. _____
   L M R I W   E N A Z W D
2. _____   6. _____
   L R C F C   I W Z Z W
3. _____   7. _____
   Y N R I W   G D F L W
4. _____   8. _____
   U M R I   U H A P

II. Verbs

A. Indirect questions may be formed after verbs like *wissen, fragen, sehen.* They often are introduced by words like *ob, was, für, ein, wer, warum, wieviele, wo, woher, wohin, wovon,* etc. Since these words introduce a subordinate clause, the verb comes at the end. (*Ich weiß nicht, ob sie hier ist.*) In putting the clauses under A and B into one complete sentence, use the interrogative words indicated under C.

A	**B**
1. Sie wußte nicht,	ihr Bruder kommt bald
2. Frage Toni,	sie spielt Klavier
3. Franz sieht nach,	das Buch iust jetzt
4. Wißt ihr nicht,	ich war gestern nicht da?
5. Die Kinder fragten,	du hast Geschenke
6. Dann sah Anita,	er schnell ging

C

ob	wo	wie viele
wann	warum	wohin

B. *Los sein* can have two meanings: *Ich bin es los* (I lost it) and *Was ist los?* (What's going on?). Translate these sentences into German.

1. What has happened?
2. Astrid got rid of her car.

133

III. Structure

A. *Lang, entlang,* **and** *gewohnt* are used with an accusative: *eine Woche lang; die Mauer entlang; sie ist es gewohnt.*
Form the correct accusative forms of the underlined words below.

1. Er bleibt nur zwei Tage lang.
2. Franz ging der Park entlang.
3. Ich bin solche Methoden nicht gewohnt.

B. *Weil* **and** *denn* introduce either subordinate or coordinate clauses respectively, and command a different word order: *Ich bleibe zuhause, weil es kalt ist* or *Ich bleibe zuhause, denn es ist kalt.*

In the following sentences, connect the main clause under *A* first with a *weil*-clause, then with a *denn*-clause.

A	B
1. Felix kommt nicht,	er ist krank
2. Er sah Ulla erst heute,	sie war verreist
3. Wir kauften es nicht,	wir hatten kein Geld

134

24. Ein Vorschlag

I. Vocabulary

A. Places to shop include: *das Geschäft, das Kaufhaus, der Supermarkt, der Laden, die Cafeteria, der Imbißstand.* In the following statements, fill in the most appropriate word. Also consider some compounds derived from the above terms, such as: *Schuhgeschäft, Buchladen,* and words like *Bäckerei, Metzgerei.*

1. Rainer kauft seine Schuhe in _____ .
2. Luise geht in _____ , um sich ein Kleid auszusuchen.
3. Wir haben einen Hamburger am _____ gegessen.
4. Diese Hausfrau kauft ihr Gemüse in _____ .
5. Es gibt auch in _____ viel Gemüse.
6. Bettina hat am liebsten frisches Brot von _____ .
7. In _____ gibt es Kaffee und Kuchen.
8. Irene bekommt ihre Bücher von _____ .
9. In _____ gibt es immer frische Wurst.
10. Onkel Johann kauft seinen Tabak in _____ .

B. Unscramble the words about holidays to form a sentence in German.

1. kommt / Ostern / wenn / Natur / ist / erwacht / die / wieder.
2. uns / meistens / bei / Schnee / gibt / zu / Weihnachten / es.
3. läuten / Glocken / viele / Neujahr / zu / hier.
4. seinen / niemand / Geburtstag / vergißt.
5. feiern / manche / auch / Leute / Namenstag / ihren.
6. Lande / das / Herbst / man / jeden / auf / Erntedankfest / dem / feiert.

II. Verbs

A. *Wohl* expresses probability: *Er ist wohl reich.* Replace the *daß*-clause with *wohl.*

1. Ich glaube, daß sie morgen kommt.
2. Es kann sein, daß Theo schläft.

B. **Schon,** used with the present tense, describes an action that began in the past but is continuing: *Ich wohne hier schon lange.* Change the underlined verb forms to the present tense and include *schon* in the sentences.

    1. Er kannte Anita seit drei Jahren.
    2. Wir wußten es mehrere Wochen.
    3. Friedel schrieb ihr viele Monate.

C. **Einander** can often be used instead of a reflexive pronoun: *Wir schreiben einander bald.* Replace the underlined reflexive pronoun by *einander* in these sentences.

    1. Fred und Inge trafen sich im Kino.
    2. Wir müssen uns glauben!
    3. Seht ihr euch bald wieder?
    4. Meine Eltern kannten sich schon als Kinder.
    5. Sie haben sich nie die Hände gegeben.

III. Structures

A. **Ein-words used as nouns** have the same endings as noun modifiers (*mein Onkel*) except for their nominative masculine ending -er (*meiner*) and their nominative and accusative ending in singular -es (*meines*), which in colloquial use is often shortened to -s (*meins*).

Replace the underlined expressions with an *ein*-word used as a noun.

    1. Da kommt mein Bruder; ist dein Bruder auch schon da?
    2. Das ist Willies Auto; mein Auto steht in der Garage.
    3. In zehn Minuten haben wir unsere Deutsch-Stunde; wann habt ihr eure Deutsch-Stunde?
    4. Wo ist euer Sohn? Unser Sohn ist schon da.
    5. Egon hat jetzt ein Fahrrad; Bernd hat noch kein Fahrrad.

B. This joke about the familiar German name Müller is in code. Each letter in these words has been substituted. When you have discovered the actual letters of one word, apply the same letters to help decode the other words. To start you off, two of the words have been decoded: *Kennen* and *Müller.*

K E N N E N   S I E   H E R R N   M Ü L L E R
Z Y A A Y A   X C Y   D Y B B A   E W F F Y B ?

M Ü L L E R ?   D I E S E N   N A M E N   H A B E
E W F F Y B ?   G C Y X Y A   A H E Y A   D H K Y

I C H   N O C H   N I E   G E H Ö R T .
C L D   A N L D   A C Y   O Y D M B R .

25. Beim Zahnarzt

Vocabulary

A. **Change** the first letter of the words in column A to a different letter to find new words that are the equivalents of the words in column B.

	A	B
1.	Zahn	barge
2.	Mund	round
3.	Frau	grey
4.	Zange	long
5.	weiß	hot
6.	Mutter	butter
7.	kann	man
8.	Dorn	horn
9.	Rest	festival
10.	Hand	wall

B. *Im Jahre* must precede the number designating a year: 1876 = *Im Jahre 1876*. Answer these questions.

    1. In welchem Jahre bist du geboren?
    2. Wann hat der Zahnarzt die Frau gewarnt?

II. **Verbs**

Find the verbs that are antonyms of those given below to complete this crossword puzzle.

Across		Down	
1.	bekommen	5.	verkaufen
2.	aufmachen	6.	Platz nehmen
3.	kriechen	7.	fragen
4.	verlieren	8.	bleiben

(To start you off, the word *Schließen has already been filled in.*)

III. Structures

A. **Dependent infinitives** can also be used with verbs like *sehen, hören, helfen, gehen,* as in *Ich höre ihn singen.* Put in the correct forms of the verbs in parentheses in these sentences.

    1. Mein Freund _____ ihm schreiben (helfen).
    2. Maria und Anna _____ uns kommen (sehen).
    3. Ihr _____ das Kind schreien (hören).
    4. Wir _____ heute turnen (gehen).

B. **Time expressions** that do not contain a preposition are always in the accusative: *Jede Woche.* Replace the time expressions in parentheses by their correct accusative forms.

    1. Oskar kommt (jeder Tag) zu uns.
    2. (Mancher Morgen) höre ich das Baby schreien.
    3. Onkel Ludwig geht (keiner Sonntag) ins Geschäft.
    4. Klara singt (der ganze Abend).
    5. Ich bekomme den Scheck (der letzte Tag) im Monat.

C. This small pyramid, with an *A* at the top, needs one more letter added in each subsequent row so that five short words appear. (The sequence of the letters is not always the same.)

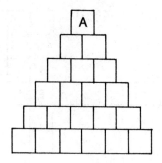

The five letters to be added are: D N R S T

26. In der Bank

A. Find the words for the 12 professions contained in the box. Their equivalents are:

1. teacher	7. salesman
2. judge	8. baker
3. chief	9. shoemaker
4. (horse) rider	10. miller
5. herdsman	11. artist
6. fighter	12. butcher

The words are spelled out horizontally, vertically, diagonally, forward, and backward. To start you off, two of the words have already been circled: *Lehrer* and *Schuster*.

```
X   R   O   M   A   L   E   R
Y   V   T   Ü   B   R   B   U
T   E   P   L   M   O   K   P
V   R   N   L   X   G   O   D
B   K   L   E   H   R   E   R
X   Ä   R   R   E   V   E   I
L   U   C   I   Z   T   B   C
A   F   T   K   S   Z   E   H
M   E   C   U   E   H   O   T
R   R   H   H   I   R   T   E
T   C   H   E   F   U   S   R
S   M   E   T   Z   G   E   R
```

B. Unscramble the words about a bank to form a sentence in German.

1. gibt / Bank / in / Kreditabteilung / eine / der / es.
2. beantragen / kann / dort / man / Darlehen / ein.
3. Zinsen / oft / ein / bringt / Sparkonto / hohe.
4. als / mein / Kassierer / arbeitet / der / Sparabteilung / in / Freund.
5. daß / klug / ich / sparen / zu / ist / es / glaube.

141

II. Verbs

Identify the following verbs with inseparable prefixes. The equivalents are given below.

A. Verbs with *ver-*
1. to earn
2. to forget
3. to sell
4. to lose
5. to tempt
6. to avoid
7. to travel
8. to understand
9. to trust
10. to forgive

B. Verbs with *be-*
1. to receive
2. to order
3. to enter
4. to visit
5. to pay

C. Verbs with *ge-*
1. to please
2. to belong
3. to succeed
4. to suffice
5. to happen

III. Structures

A. Compound adjectives can be formed by adding an adjective or suffix to a noun: *ereignisreich* or *arbeitslos.* (Note that the noun before *-los* usually appears in the genitive.) Derive a compound adjective from each of the underlined expressions in these statements.

1. Astrid ist <u>voller Geheimnisse: sie ist</u> so _____ .
2. Oskar hat <u>keine Stellung</u>: er ist _____ .
3. Das Essen ist <u>reich an Vitaminen</u>: es ist _____ .

B. Many foreign words in German have been taken from English. Identify the following words:

1. der Direktor
2. die Konferenz
3. das Training
4. der Playboy
5. die City
6. das Disko
7. der Gag
8. die Hitparade
9. das Hobby
10. der Club
11. die Bar
12. das Camp
13. der Teenager
14. die Kabelcar
15. das Team
16. der Drink
17. die Couch
18. das Musical

C. Some modern expressions are so-called loan translations, such as
Beiprodukt from "by-product." Identify the meaning of these
expressions.

1.	der Flaschenhals	6.	der Eierkopf
2.	die Gehirnwäsche	7.	die Selbstbedienung
3.	das Fernsehen	8.	das Pilotlicht
4.	der Neukommer	9.	die Bühnenschau
5.	die Herzattacke	10.	der Schwarzmarkt

27. Eine Rechnung

A. Find the words for their equivalents given from the list of syllables below.

ben - bü - de - e - fer - fri - gum - gung - kas - kau -
käu - ker - ko - la - lek - mi - ni - nung - rech - rei -
rer - ro - scho - seur - sie - trau - tri - ver.

1. salesman
2. chewing gum
3. barber
4. cleaners
5. cashier

6. office
7. invoice
8. electrician
9. grapes
10. chocolate

B. Find the word that does NOT fit in the group.

1. Reinigung, Kleid, Hose, Banane, Jacke.
2. Bank, Friseur, Sparabteilung, Geld, Kassierer.
3. Auto, Küche, Gemüse, Suppe, Kartoffeln, Rotkohl.
4. Tafel, Bücher, Elefant, Klasse, Lehrer.
5. Fernsehen, Schwager, Radio, Computer, Telefon.

C. *Wann, wenn,* **and** *als* are used in different ways: *wann* is only an interrogative; *wenn* may mean *whenever* or *if*; *als* refers to actions completed in the past.

In these sentences, fill in the blank using *wann, wenn,* or *als.*

1. Ich komme, _____ Sie mich rufen.
2. _____ war deine Großmutter hier?
3. Es war sieben Uhr, _____ die Uhr schlug.
4. _____ du nicht willst, tun wir es nicht.

II. Verbs

Fill in some verbs in this crossword puzzle that are used in the dialogue. Their equivalents are:

Across	Down
1. to give	4. to examine
2. to go	5. to present
3. to have	6. to earn

(To start you off, one word has already been filled in: *Verdienen.*)

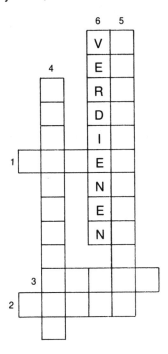

III. Structures

A. The gender of a pronoun must agree with the noun it replaces; it also must agree with the number. (*Mein Hut: er; den Leuten: ihnen.*) In these sentences, substitute a pronoun for the underlined noun.

1. Mein Freund kommt morgen.
2. Tante Bertha wohnt hier.
3. Unsere Freunde haben geschrieben.
4. Ich kenne dieses Buch.
5. Holger gab es dem Mann.
6. Marion spielt mit den Kindern.
7. Erinnerst du dich deiner Tante?
8. Ohne seinen Bleistift kann Alex nicht schreiben.

B. *Sie* instead of *es* can be used for words like *das Mädchen* or *das Fräulein*. Substitute the appropriate pronoun in these sentences.

1. Das Fräulein kam gestern zu mir.
2. Hast du es dem Mädchen gesagt?
3. Holger sah das Mädchen im Konzert.

C. Wegen and willen can be combined with personal pronouns to make compounds: *meinetwegen, um Himmelswillen!* Form compounds with *wegen* or *willen* from these equivalents.

1. because of him
2. because of you (singular familiar).
3. because of us
4. for God's sake!
   (The *wegen*-compounds have an *-et-* included between the two words; the *willen*-compounds have a genitive ending, like *-s*.)

28. Im Hotel

I. Vocabulary

A. **These words** are in code. Each letter in these words has been substituted. When you have discovered the actual letters of one word, apply the same letters to help decode the other words. To start you off, two words have been decoded: *Hotelgast* and *Rechnung*.

1. H O T E L G A S T   4. R E C H N U N G
      E P S R G Y K N S   C R D E V B V Y
2. _____   5. _____
      F R C G K N N R V   O P D E R V R V L R
3. _____   6. _____
      C R N S K B C K V S   F R C L R C A R V

B. **Rearrange** the letters of the words in column A to make new words that are the equivalents of the words in column B.

	A	B
1.	Alm	times
2.	aus	sow
3.	Beil	dear
4.	Diebe	both
5.	Eis	they
6.	Rehe	army
7.	roh	ear
8.	Tor	red

C. The *un-* **prefix** may be added to some adjectives and nouns to give them an opposite meaning. Form words that mean the opposite of these words.

1. ähnlich   6. gesund
2. angenehm   7. Glück
3. beweglich   8. glücklich
4. Dank   9. möglich
5. freundlich   10. Ruhe

II. Verbs

Some verbs become nouns by adding *-ung* to their stem. These nouns express the result of the action described by the verb: *prüfen/Prüfung*. Form *-ung* nouns from these verbs.

1. reinigen
2. entschuldigen
3. verzeihen
4. ahnen
5. verbessern
6. bewegen

III. Structures

A. *Ohne* and *(an) statt* can also be used with an infinitive or with a *daß* clause: *ohne mich zu hören / ohne daß er mich hörte*. In the following two-part sentences, change the second part (a) to an infinitive clause and (b) to a *daß* clause.

1. Gretchen war hier; sie sah uns nicht.
   a. _____
   b. _____
2. Wir nehmen unser Auto; wir fahren nicht mit dem Bus.
   a. _____
   b. _____

B. Nouns indicating measure use various plural forms. Masculine and neuter terms use the singular form as a plural (*zwei Pfennig / acht Glas*); feminine nouns with an *-e* ending use their plural forms (*drei Tassen*). Combine the numbers in column A with the nouns in column B.

A	B
1. sieben	Meter Stoff
2. drei	Glas Wasser
3. zehn	Tasse Kaffee
4. vier	Paar Schuhe

C. Find the key word by first substituting the right letters for the numbers in the words below and then placing the letters in the corresponding boxes. To start you off, one of the letters has already been filled in.

1	2	3	4	5	6
	E				

a. ^{1}A S T

b. H O T E L

c. R O ^{3}E

d. B E R ^{4}F

e. B A ^{5}K

f. G E L ^{6}

29. Eine Rundfrage

I. Vocabulary

A. Find the words related to a museum from the list of syllables. Their equivalents are given below.

> aus - bil - de - der - ge - mu - mäl - lung - ren - se - skulp - stel - tu - um

1. museum
2. paintings
3. exhibition
4. pictures
5. sculptures

B. Match these workers with the place in which they work.

A	B
1. Kellner	a. Schule
2. Bäcker	b. Flugplatz
3. Verkäufer	c. Bank
4. Lehrer	d. Bäckerei
5. Kassierer	e. Restaurant
6. Zollinspektor	f. Kaufhaus

II. Verbs

A. Some verbs are often followed by nouns or pronouns with special prepositions: *warten auf, hoffen auf, sich erinnern an, sich interessieren für,* etc. (*Er wartet auf sie.*) Translate the following sentences.

1. My friend waited for Anna.
2. I was hoping for a good weekend.
3. Do you remember my uncle Fritz?
3. Ernst is interested in modern art.

B. Forms like *hoffen wir!,* in which the word order is reversed from *wir hoffen,* can be used to express a wish or an invitation. Using this shorter form, rewrite these sentences.

1. Lasst uns tanzen!
2. Ja, wir wollen gehen!

C. From this list of verbs, select the missing verbs and place their correct form in the appropriate line of the story.

a. ausstellen   f. hoffen
b. bewundern   g. malen
c. gefallen   h. sein
d. gehen   i. verkaufen
e. gelingen   j. wünschen

Viele Leute _____1_____ ins Museum, um Kunstwerke zu _____2_____ . Mein Freund Arthur _____3_____ ein Maler, dem es kürzlich _____4_____ ist, dort einige seiner Gemälde _____5_____ . Er _____6_____ am liebsten Portraits. Aber auch seine Landschaften haben vielen Besuchern _____7_____ . Er _____8_____ , bald ein paar seiner Bilder zu _____9_____ . Ich _____10_____ ihm Erfolg.

III. Structures

A. Prepare a question for each sentence based on the words in *italics*.

1. Unser Museum liegt *in der Mitte der Stadt.*
2. Gestern habe ich es *mit meinem Vetter* besucht.
3. *Sehr viele Leute* waren gekommen.
4. Sie alle wollten *die neue Ausstellung* sehen.
5. Ich bezahlte *den Eintritt* für uns beide.
6. Wir gingen *hinterher* ins Disko.
7. Da stellte ich meinen Vetter *meinen Freunden* vor.
8. Er lernte auch *Udos Schwester* kennen.
9. Wir blieben *bis halb Zwölf* da.
10. Mein Vetter will bald *an seine neue Freundin* schreiben.

B. Drop the letters from each vertical row into the horizontal rows below, but in a different order. The words are separated by black squares. To help you understand the resulting joke, two of the horizontal rows have already been filled in. (Cross out each letter once you have used it.)

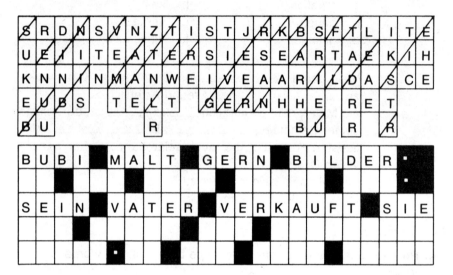

30. Auf dem Schiff

I. Vocabulary

A. Fill in the missing words and expressions from the list below the letter, which is written by Trudel to her friend.

Auf See, den 7. Juli 1984

Liebe Annemarie!

Ich schreibe dir heute _____1_____ unseres Dampfers.
Wir sind schon drei Tage _____2_____ . Diese Nacht
war ein großer _____3_____ , aber ich wurde
nicht _____4_____ . Der _____5_____ ist wieder glatt
und hat _____6_____ . Es ist warm hier auf
_____7_____ , und ich gehe später im _____8_____
schwimmen. Unser _____9_____ sagte, daß wir morgen
in _____10_____ ankommen. Ich freue mich schon
auf _____11_____ mit meinen _____12_____ in
Deutschland.

Herzliche Grüße,
Deine Trudel

Verwandten - das Wiedersehen - Hamburg - Kapitän —
Schwimmbecken - dem Deck - sich beruhigt - Ozean -
seekrank - Sturm - unterwegs - von Bord.

153

B. Find the names for the birds contained in the box. Their equivalents are:

1. blackbird
2. starling
3. finch
4. thrush

5. cuckoo
6. nightingale
7. swallow
8. magpie

The words are spelled out horizontally, vertically, and diagonally. (To start you off, two of the words have already been circled: *Nachtigall* and *Schwalbe*.)

II. Verbs

Sollen may also be used to express a rumor: *Im Zoo soll es schön sein.* Use the appropriate form of *sollen* in these sentences.

1. Werner _____ morgen ankommen.
2. Schmidts _____ viel Geld haben.
3. Karl _____ nicht gerne Fußball spielen.
4. Elefanten _____ kluge Tiere sein.

III. Structures

A. The date in a letter is always preceded by *den* (*den* 2. *Mai*). The ordinal number comes first, the month second, followed by the year. There is no comma between the month and year. Write these letter dates.

    1. August 29, 1975
    2. January 3, 1733
    3. September 12, 2001

B. From one single verb, you can sometimes create a whole word family, such as *arbeiten : die Arbeit, der Arbeiter, die Arbeiterin.* Derive words you know from these verbs.

    1. tanzen   2. fahren   3. anrufen

C. Verbs can also be changed to nouns by capitalizing them; their gender is always neuter. Change these verbs to nouns.

    1. lesen   2. malen   3. reden

D. Nouns can also be derived from adjectives: *der Alte / das Schöne.* Derive nouns from these adjectives.

    1. klein   2. rot   3. neu

E. Compound words can be formed from verbs, adjectives or nouns: *das Kuchenbacken, vitaminreich, Hausarbeit.* Form compounds from these words.

    1. lesen + Zeitung   2. Wunder + voll
    3. Feld + Arbeit   4. Gewächs + Haus

F. Prefixes can give many words a different meaning: *stehen / verstehen.* Give the meaning of these verbs.

    1. kommen / bekommen 2. kaufen / verkaufen
    3. dienen / verdienen   4. fallen / gefallen

G. Suffixes like *-ich* and *-ig* change nouns to adjectives: *freundlich, vorsichtig.* Change these nouns to adjectives by adding the appropriate *-lich* or *-ig* suffix.

    1. Feind   2. Glück   3. Herz   4. Schuld

H. Abstract nouns can often be formed with endings like *-heit (Menschheit), -keit (Süßigkeit), -ion (Nation),* etc. All these words are feminine. Form abstract nouns from these words.

    1. Kind   2. menschlich   3. Automat

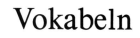

Vokabeln

Master German – English Vocabulary

A

Abendessen(n.) supper
abnehmen to lose weight
abstammen von to descend from
Abteilung (f.) department
ach! alas!
Acker (m.) arable land
Adler (m.) eagle
Affe (m.) monkey
ahnen to suspect
ähnlich similar
alles everything
Alm (f.) pasture on a mountain
alt old
Amsel (f.) blackbird
ander other
anfangen to begin
angenehm pleasant
Angestellte (m./f.) employee
Angst (f.) fear
anhaben to wear
anhalten to stop
anrufen to call (by phone)
Anschluß (m.) connection
anstatt instead
antworten to answer
anziehen to put on
Anzug (m.) suit
Apfel (m.) apple
arbeiten to work
arm poor
Arzt (m.) physician
Atem (m.) breath
auch also
(sich) aufhalten to stay
aufhören to cease
aufmachen to open
aufpassen to pay attention
aufstehen to get up
Auge (n.) eye
Augenblick (m.) moment
ausgeben to spend
ausgehen to go out
ausgezeichnet excellent

ausspülen to rinse out
ausstellen to exhibit
Ausstellung (f.) exhibition
Autobahn (f.) expressway

B

bald soon
Bankett (n.) banquet
Base (f.) female cousin
Bauer (m.) farmer
Bauernhof (m.) farmstead
Baufirma (f.) construction
  company
Bazille (f.) bacillus
Beamte (m.) official
beantragen to apply
Becken (n.) basin
Bedienung (f.) service
begegnen to meet
behaupten to assert
beide both
Beil (n.) axe
Bein (n.) leg
Beispiel (n.) example
bekannt known
bekommen to receive
Berg (m.) mountain
Beruf (m.) profession
(sich) beruhigen to calm down
Beschwerde (f.) complaint
besonders especially
bestellen to order
besuchen to visit
betreten to enter
beweglich movable
bewundern to admire
bezahlen to pay for
Bezirk (m.) district
Bild (n.) picture
billig cheap
Birne (f.) pear

bitte   please
bleiben   to remain
Bluse *(f.)*   blouse
Boden *(m.)*   soil, floor
Bohne *(f.)*   bean
brauchen   to use, to need
Brief *(m.)*   letter
Briefumschlag *(m.)*   envelope
Brille *(f.)*   glasses
Brot *(n.)*   bread
Bruder *(m.)*   brother
Brust *(f.)*   chest
Büffel *(m.)*   buffalo
Bundesrepublik *(f.)*   federal
   republic
Büro *(n.)*   office

D

Dach *(n.)*   roof
Dame *(f.)*   lady
danke   thanks
dann   then
Darlehen *(n.)*   loan
Daumen *(m.)*   thumb
denken   to thank
denkst du !   that's what you think !
deshalb   therefore
Deutschland *(n.)*   Germany
Dichter *(m.)*   poet
Dieb *(m.)*   thief
dick   thick, fat
dienen   to serve
dieser   this
Donnerwetter !   oh my goodness !
Dorn *(m.)*   thorn
dort   there
Drahtseilbahn *(f.)*   funicular
   railway
drauβen   outside
drohen   to threaten
Drossel *(f.)*   thrush
drucken   to print
du meine Güte !   my goodness !
dumm   stupid
durchhalten   to hold out
durchgebraten   well-done
durstig   thirsty

E

Ecke *(f.)*   corner

einander   each other
Eingang *(m.)*   entrance
eingebildet   conceited
einladen   to invite
einmal   once
einstehen für   to stand up for
einsteigen   to step in
Eintritt *(m.)*   admission price
Eltern *(pl.)*   parents
Eile *(f.)*   hurry
Eisschrank *(m.)*   refrigerator
Elster *(f.)*   magpie
Empfangshalle *(f.)*   reception
endlich   finally
Enkel   grandchild; ankle
(sich) entscheiden   to decide
Erbse *(f.)*   pea
Erdbeere *(f.)*   strawberry
(sich) erinnern   to remember
Erdkunde *(f.)*   geography
Erdteil *(m.)*   continent
Ereignis *(n.)*   event
Erfolg *(m.)*   success
(sich) erkälten   to catch cold
erklären   to declare
(sich) erkundigen   to inquire
ermuntern   to cheer up
erneuern   to renew
Ernte *(f.)*   harvest
erwachen   to wake up
erwidern   to answer
erzählen   to tell
Esel *(m.)*   donkey
essen   to eat
Euter *(m.)*   udder

F

Fahne *(f.)*   flag
Fang *(m.)*   catch
färben   to dye
fehlen   to be absent
Fehler *(m.)*   mistake
feiern   to celebrate
Fenster *(n.)*   window
Fernsehen *(n.)*   television
fertig   done, finished
Fink *(m.)*   finch
Fischer *(m.)*   fisherman
fliegen   to fly
Flug *(m.)*   flight
Flugplatz *(m.)*   airport
Flugzeug *(n.)*   airplane

Fluß *(m.)* river
folgen to follow
Fortschritt *(m.)* progress
fragen to ask
Frankreich *(n.)* France
Frau *(f.)* woman
fremd foreign
fressen to eat (said of animals)
Freude *(f.)* joy
(sich) freuen to be glad
Freund *(m.)* friend
freundlich friendly
frisch fresh
Friseur *(m.)* barber
Frühling *(m.)* spring
Frühstück *(n.)* breakfast
fühlen to feel
furchtbar terrible
Fußball *(m.)* soccer

G

Gabe *(f.)* gift
Gabel *(f.)* fork
Gans *(f.)* goose
Garten *(m.)* garden
geben to give
Gebiet *(n.)* area
Gebirge *(n.)* mountains
Geburtstag *(m.)* birthday
gefallen to please
gefroren frozen
Geheimnis *(n.)* secret
gehören to belong
Geld *(n.)* money
gelingen to succeed
Gemälde *(n.)* painting
Gemüse *(n.)* vegetable
genug enough
genügen to suffice
gerade just
gerne gladly
gerne haben to like
Geschäft *(n.)* store
geschehen to happen
Geschichte story, history
geschickt dexterous
Geschwindigkeit *(f.)* speed
Geschwister *(pl.)* brothers and
sisters
Gesicht *(n.)* face
gestern yesterday

gesund healthy
Getränk *(n.)* beverage
Gewicht *(n.)* weight
gewinnen to win
(es) gibt there is
Gift *(n.)* poison
glauben to believe
gleich same; soon
Glocke *(f.)* bell
Glück *(n.)* good luck
glücken to turn out well
glücklich happy
Gott *(m.)* God
Grab *(n.)* grave, tomb
grau gray
Großeltern *(pl.)* grandparents
Gruß *(m.)* greeting
Gurke *(f.)* cucumber
Gürtel *(m.)* belt

H

halb half
halbroh medium
Hälfte *(f.)* (the) half
Hals *(m.)* neck
Handschuh *(m.)* glove
Handtasche *(f.)* purse
Haushalt *(m.)* household
Heer *(n.)* army
Heide *(f.)* heath
heiraten to marry
heiß hot
heißen to be named
helfen to help
Hemd *(n.)* shirt
heraus out
Herbst *(m.)* autumn
Herde *(f.)* herd, flock
Herr *(m.)* Mister, Mr.
Herz *(n.)* heart
Heu *(n.)* hay
heute today
hier here
(du lieber) Himmel! for
Heaven's sake!
hinterher afterward
hoch high
holen to fetch
Hose *(f.)* trousers
Hund *(m.)* dog

I

Imbiß *(m.)* snack
immer always
interessant interesting
(sich) interessieren für to be
interested in

J

jagen to hunt
Jahrhundert *(n.)* century
Jahrzehnt *(n.)* decade
jawohl yes, indeed
jetzt now
jung young
Junge *(m.)* boy

K

Kaffee *(m.)* coffee
Käfig *(m.)* cage
Kahn *(m.)* barge
kalt cold
Kappe *(f.)* cap
Kartoffel *(f.)* potato
Käse *(m.)* cheese
Kassierer *(m.)* cashier
Katze *(f.)* cat
kaufen to buy
Kaufhaus *(n.)* department store
Kaugummi *(n.)* chewing gum
kegeln to bowl
kein no
Keller *(m.)* basement
kennen to know
Kette *(f.)* chain
Kind *(n.)* child
Kindheit *(f.)* childhood
Kinn *(n.)* chin
Kino *(n.)* movie theater
klar clear
Klavier *(n.)* piano
Kleid *(n.)* dress
Kleidung *(f.)* clothing
klettern to climb
klug smart, clever
kochen to cook
kommen to come
Kopf *(m.)* head
kosten to cost
Kragen *(m.)* collar

krank sick
Kravatte *(f.)* tie
Kredit *(m.)* credit; loan
Kreis *(m.)* circle
kriechen to creep; to crawl
Küche *(f.)* kitchen
Kuchen *(m.)* cake
Kuckuck *(m.)* cuckoo
Kuh *(f.)* cow
Kunst *(f.)* art
kurz short

L

lachen to laugh
Laden *(m.)* shop
Land *(n.)* country
lang long
laufen to run
läuten to ring
leben to live
Lebensmittel *(pl.)* food
Leber *(f.)* liver
Lehrer *(m.)* teacher
(sich) leisten to afford
Leiter *(f.)* ladder
Lektion *(f.)* lesson
lesen to read
Leute *(pl.)* people
Lichtleitung *(f.)* lighting circuit
lieb dear
lieber rather
Lied *(n.)* song
links left
Löffel *(m.)* spoon
los loose
was ist los ? what's the matter ?
Lösung *(f.)* solution
Löwe *(m.)* lion
Lunge *(f.)* lung
Lust *(f.)* desire
lustig funny, comical

M

machen to make
Mädchen *(n.)* girl
Magen *(m.)* stomach
Mal *(n.)* time
mal times
Maler *(m.)* painter
mancher many (a)

manchmal sometimes
Mantel *(m.)* coat
Maus *(f.)* mouse
meinen to mean
melken to milk
Menge *(f.)* amount
Menschheit *(f.)* humanity, mankind
Messer *(n.)* knife
Metzger *(m.)* butcher
Milch *(f.)* milk
mitmachen to participate
Mitte *(f.)* middle
möglich possible
Monat *(m.)* month
Morgen *(m.)* morning
müde tired
Müller *(m.)* miller
Muschel *(f.)* mussel
Mund *(m.)* mouth
Mütze *(f.)* cap

N

na also ! well then !
Nachmittag *(m.)* afternoon
Nachtisch *(m.)* dessert
Nahrung *(f.)* food
Name *(m.)* name
Nase *(f.)* nose
natürlich of course
Neffe *(m.)* nephew
nehmen to take
Nichte *(f.)* niece
Niere *(f.)* kidney
niemand nobody
Norden *(m.)* north
Notfall *(m.)* emergency
nötig haben to need

O

oben at the top
Ober *(m.)* waiter
Obst *(n.)* fruit
oft often
ohne without
Ohr *(n.)* ear
Onkel *(m.)* uncle
Oper *(f.)* opera
(in) Ordnung all right
Ort *(m.)* place
Ostern *(n.)* Easter

P

(ein) paar a few
Paar *(n.)* pair
Papagei *(m.)* parrot
Paket *(n.)* package
Passagier *(m.)* passenger
passieren to happen
Patenonkel *(m.)* Godfather
Pech *(n.)* tar; bad luck
Pfeffer *(m.)* pepper
Pferd *(n.)* horse
Pfirsich *(m.)* peach
Pflaume *(f.)* plum
Pfund *(n.)* pound
Platz *(m.)* place
Polizist *(m.)* policeman
Pommes frites French fries
preiswert reasonable, good value
Prozent *(n.)* percent
Prüfung *(f.)* exam
putzen to clean, to cleanse

R

rasieren to shave
raten to advise; to guess
Rätsel *(f.)* puzzle
rauben to rob
rauchen to smoke
Raumforschung *(f.)* space research
Rechnung *(f.)* invoice
rechts right
Rechtsanwalt *(m.)* lawyer
reden to speak
Regal *(n.)* shelf
regnen to rain
Reh *(n.)* deer
reich rich
Reihe *(f.)* row
reinigen to clean
Reinigung *(f.)* cleaners
reiten to ride
rennen to run
Reise *(f.)* trip, journey
Richter *(m.)* judge
richtig correct
Rock *(m.)* skirt
roh raw
Rolle *(f.)* roll, part
Roman *(m.)* novel
Römerzeit *(f.)* Roman Age

Rotkohl *(m.)* red cabbage
Ruhe *(f.)* stillness, rest
Rundfrage *(f.)* poll

S

Sache *(f.)* thing, matter
sagen to say
Sammlung *(f.)* collection
Sau *(f.)* sow
Schach *(n.)* chess
Schaf *(n.)* sheep
(sich) schämen to be ashamed
Schenkel *(m.)* thigh
Scheune *(f.)* barn
schicken to send
Schiff *(n.)* ship
Schirm *(m.)* umbrella
schlafen to sleep
schlagen to strike
Schlange *(f.)* snake
schlau clever
schlecht bad
schließen to close
schließlich finally
schlimm bad
Schlüssel *(m.)* key
schmecken to taste
Schmutz *(m.)* dirt
Schnaps *(m.)* liquor
Schnee *(m.)* snow
schneiden to cut
Schneider *(m.)* tailor
schon already
schön beautiful
schreiben to write
schreien to shout, to cry
Schuld *(f.)* debt; guilt
schulden to owe
Schulter *(f.)* shoulder
Schuster *(m.)* shoemaker
Schwager *(m.)* brother-in-law
Schwalbe *(f.)* swallow
schwarz black
Schwein *(n.)* pig
schwer difficult; heavy
Schwester *(f.)* sister
schwimmen to swim
Schwindelanfall *(m.)* dizziness
seekrank seasick
sehr very
sein to be
selbst self

sitzen to sit
sofort immediately
Sohn *(m.)* son
sondern but
Spanien *(n.)* Spain
sparen to save
spät late
Speisekarte *(f.)* menu
spielen to play
springen to jump
Staat *(m.)* state
Standpunkt *(m.)* standpoint
Stadt *(f.)* city
Stange *(f.)* stick
Star *(m.)* starling
stehen to stand
steigen to climb
Stellung *(f.)* position, job
sterben to die
Stier *(m.)* steer
stimmen to be right
Stoff *(m.)* material
Straße *(f.)* street
Stück *(n.)* piece
Süden *(m.)* south
Süßigkeiten *(pl.)* sweets

T

Tabak *(m.)* tobacco
Tag *(m.)* day
Tafel *(f.)* blackboard
tanzen to dance
Taschentuch *(n.)* handkerchief
Tasse *(f.)* cup
tatsächlich really
tauchen to dive
Teller *(m.)* plate
teuer expensive
Thunfisch *(m.)* tuna
Tier *(n.)* animal
Tisch *(m.)* table
Tochter *(f.)* daughter
Tor (n.) gate
Torte *(f.)* tart, flat cake
tragen to carry, to wear
Traube *(f.)* grape
Traum *(m.)* dream
(sich) treffen to meet
tschüß ! goodbye !
Türe *(f.)* door
turnen to do gymnastics
Turnhalle *(f.)* gymnasium

U

Übeltäter *(m.)* evil-doer
Überraschung *(f.)* surprise
Überseedampfer *(m.)* overseas
 steamship
Übung *(f.)* exercise
Umkleideraum *(m.)* dressing
 room
umsonst for free; in vain
ungeduldig impatient
(sich) unterhalten to converse
Unterricht *(m.)* instruction
untersuchen to examine
unterwegs on the way
Ursache *(f.)* cause, reason

V

verderben to spoil
verdienen to earn
vergessen to forget
verkaufen to sell
verlassen to leave
verlieren to lose
verlocken to entice
vermeiden to avoid
verreisen to travel
verstehen to understand
vertrauen to trust
Verwandte *(m./f.)* relative
verzeihen to forgive
Vetter *(m.)* male cousin
vielleicht perhaps
Vogel *(m.)* bird
von wegen ! not at all !
vorbereiten to prepare
vorbei past, over
vorgeben to pretend
vorher before
vorkommen to happen
vormachen to deceive
vorstehen to be in charge of
vorstellen to introduce
(sich) vorstellen to imagine
vorüber past, finished

W

Waage *(f.)* scale
Wade *(f.)* calf (of the leg)
wachsen to grow

Wahl *(f.)* election, choice
wahr true
Wald *(m.)* forest
Wand *(f.)* wall
warnen to warn
warten to wait
Wasser *(n.)* water
weh tun to hurt
Weide *(f.)* pasture
Weihnachten *(n.)* Christmas
Weile *(f.)* while
Wein *(m.)* wine
weit far
Wert *(m.)* value
weshalb ? why ?
Wetter *(n.)* weather
wichtig important
wiegen to weigh
wirklich real (-ly)
wissen to know
Witz *(m.)* joke
Wochenende *(n.)* weekend
wohl probably; well
wohnen to reside
Wohnzimmer *(n.)* living room
Wort *(n.)* word
wunderbar wonderful
wünschen to wish

Z

Zahn *(m.)* tooth
Zange *(f.)* pliers
Zehe *(f.)* toe
zeigen to show
Zeit *(f.)* time
Zeitung *(f.)* newspaper
ziehen to pull
Zimmer *(n.)* room
Zins *(m.)* interest
Zollkontrolle *(f.)* customs
zuerst first
zufrieden satisfied
zugeben to admit
zuhause at home
zuletzt at last
zumachen to close
zurück back
zusehen to watch
Zutat *(f.)* ingredient, seasoning
zwar *(f.)* it is true
Zweck *(m.)* purpose
Zwiebel *(f.)* onion

NTC GERMAN READING MATERIALS

Graded Readers and Audiocassettes
Beginner's German Reader
Lustige Dialoge
Lustige Geschichten
Spannende Geschichten

Humor in German
German à la Cartoon
Das Max und Moritz Buch

German Folklore and Tales
Von Weisen und Narren
Von Helden und Schelmen
Münchhausen und Ohnegleichen
Es war einmal

Jochen und seine Bande Series
Abenteur in Hinterwalden
Mit Thespis zum Süden

Comic Mysteries
Die Jagd nach dem Familienerbe
Das Geheimnis im Elbtunnel
Hoch in dem Alpen
Innsbrucker Skiabenteuer

Plays and Comedies
Zwei Komödien
Ein Hotel namens Europa
Gehen wir ins Theater!

Real-Life Readings
Perspektive aus Deutschland
Deutsches Allerlei
Direct from Germany

Contemporary Life and Culture
Der Spiegel: Aktuelle Themen in der
    Bundesrepublik Deutschland (Package of
    book plus 3 audiocassettes)
Deutschland: Ein neuer Anfang
Unterredungen aus Deutschland
Briefe aus Deutschland
Briefe über den Ozean
Kulterelle Begegnungen
Amerikaner aus Deutschland

Contemporary Culture—in English
German Sign Language
Life in a West German Town
Life in an Austrian Town
Focus on Europe Series
    Germany: Its People and Culture
    Switzerland: Its People and Culture
    Austria: Its People and Culture
Let's Learn about Germany
Getting to Know Germany
Weihnacht
Christmas in Germany

For further information or a current catalog, write
National Textbook Company
a division of *NTC Publishing Group*
4255 West Touhy Avenue
Lincolnwood, Illinois 60646-1975 U.S.A.